Dermatose récidivante des pieds (femmes) (*suite*)

Numéros des cas	Noms	Années	Mois	Nombre des poussées
8	Epifania R...	1909 1910	Octobre Avril	2
9	Juana M...	1909	Octobre	1
10	Josefa T...	1909	Octobre	1
11	Concepciōn S...	1909	Octobre	1
12	Juana G...	1909 1910	Novembre Juin	[1] 2
13	Léonor C...	1909 1910	Novembre Avril	2
14	Mercédès Mar...	1909 1911	Décembre Février	2
15	Caridad R...	1909	Décembre	1
16	Emilia C...	1910	Février	1
17	Carmen G...	1910	Mars	1
18	Genoveva R...	1910	Mars	1
19	Dolorès C...	1910 1910	Mars Septembre	2
20	Felipa P...	1909 1910	Novembre Mars	2
21	Carmen R...	1910 1910	Mars Septembre	2
22	Manuela N...	1910 1911	Mars Janvier	2
23	Bārbara C...	1910 1911	Mars Janvier	2
24	Nicolasa G...	1910	Mars	1
25	Carmita R...	1910	Mars	1
26	Francisca H...	1910	Avril	1
27	Mercédès D...	1910	Avril	1
28	Cristina M...	1910	Avril	1
29	Eufrasia P...	1910 1910	Avril Octobre	2

1. En décembre lymphangite.

Dermatose récidivante des pieds (femmes) (*suite*)

Numéros des cas	Noms	Années	Mois	Nombre des poussées
30	Maria L.-B...	1910	Avril	1
31	Ana T...	1910	Avril	1
32	Eduvigis G...	1910	Mai	1
33	Dolorès G...	1910 1910	Mai Novembre	2
34	Justina M...	1910	Mai	1
35	Josefa S...	1910	Mai	1
36	Griselda S...	1910	Mai	1
37	Matilde T...	1910	Mai	1
38	Dolorès H...	1910	Mai	1
39	Rosa M.-R...	1910	Mai	1
40	Carmen A...	1910	Juin	1
41	Concepciõn M...	1910	Septembre	1
42	Rafaela M...	1910	Septembre	1
43	Mercédès M...	1910	Septembre	1
44	Ramona C...	1910	Septembre	1
45	Inocencia O...	1910	Septembre	1
46	Maria H...	1910	Septembre	1
47	Felicita C...	1910	Septembre	1
48	Angelina Coll.	1910	Octobre	1
49	Maria G.-M...	1910	Octobre	1
50	Sarah P...	1910 1911	Novembre Août	2
51	Francisca R...	1910 1911	Novembre Août	2
52	Antonia B...	1910	Novembre	1
53	Tomasa T...	1910	Novembre	1
54	Maria Y...	1911	Janvier	1
55	Albertina N...	1911	Janvier	1
56	Isabel O...	1911 1911	Janvier Août	2
57	Mercédès G...	1911	Janvier	1
58	Gloria M...	1911	Janvier	1

Dermatose récidivante des pieds (femmes) (*suite*)

Numéros des cas	Noms	Années	Mois	Nombre des poussées
59	Lydia P...	1911	Janvier	1
60	Dolorès M...	1911	Février	1
61	Teresa S...	1911	Février	1
62	Ana F...	1911	Mars	1
63	Maria L...	1911	Mars	1
64	Juana A.	1911	Juillet	1
65	Felicita M...	1911	Juillet	1
66	Teresa C...	1911	Août	1
67	Albertina R...	1911	Août	1
68	Julia R...	1911	Septembre	1
69	Julia C...	1911	Septembre	1
70	Josefa G. de R...	1911	Septembre	1
71	Modesta R...	1911	Septembre	1
72	Rosa M. G...	1911	Novembre	1
73	Braulia G...	1911	Février	1
74	Genara M...	1911	Avril	1
75	Josefa M...	1911	Juin	1
		Total des poussées		127

Dermatose récidivante des pieds (hommes)

Numéros des cas	Noms	Années	Mois	Nombre des poussées
1	Antonio P...	1907	Décembre	1
2	Alvaro R...	1907	Décembre	1
3	Angel S...	1907	Octobre	1
4	S. Negrõn[1]	1907	Octobre	1
5	Cristobal G...	1907	Octobre	1
6	Angel H...	1907	Octobre	1
7	Rafel C...	1907	Octobre	1
8	Domingo F...	1908	Novembre	1

1. C'est le même malade qui figure sous le numéro 8 dans les tableaux de la lymphangite. On voit qu'avec le temps il commença à éprouver de fréquents accès de cette dernière maladie.

Dermatose récidivante des pieds (hommes) (*suite*)

Numéros des cas	Noms	Années	Mois	Nombre des poussées
9	Manuel R...	1908 1909	Septembre Octobre	2
10	Celso C...	1909	Février	1
11	Félix V...	1909 1911	Septembre Juillet	2
12	Julio P...	1909	Septembre	1
13	R. Avellanet.	1909	Octobre	1
14	Pédro F...	1909 1909	Mars Septembre	2
15	Luis R...	1909	Mai	1
16	Felipe C...	1909	Mai	1
17	Angel F.-R...	1909 1910 1911	Mai Octobre Mai	3
18	Luis R...	1909	Juin	1
19	José C...	1909	Juin	1
20	Antonio A...	1909 1909 1910	Juin Septembre Mars	3
21	José P...	1909	Juin	1
22	Manuel G...	1909	Septembre	1
23	Rafael O...	1909	Septembre	1
24	Esteban M...	1909	Août	1
25	Miguel S...	1911	Mai	1
26	Carlos P...	1911	Avril	1
		Total des poussées.		33

Résumé pour la lymphangite endémique

Trimestres	Nombre des poussées	Totaux	Moyennes
—	—	—	—
Décembre	1	13	4
Janvier	1		
Février	2		
Juin	6		
Juillet	1		
Août	2		
Mars	1	27	9
Avril	5		
Mai	3		
Septembre	7		
Octobre	5		
Novembre	6		

Résumé pour la dermatose récidivante

Trimestres	Nombre des poussées	Totaux	Moyennes
—	—	—	—
Décembre	4	40	13
Janvier	8		
Février	6		
Juin	7		
Juillet	4		
Août	11		
Mars	14	87	29
Avril	11		
Mai	14		
Septembre	20		
Octobre	16		
Novembre	12		

γ

Dans la clientèle particulière, les processus lymphatiques à caractère reitéré sont légion; mais malgré leur fréquence, la façon aléatoire dont ils se présentent à l'observation et l'extraordinaire variété de leurs aspects cliniques n'offrent pas le champ le plus propice à la découverte des affinités pathogéniques qui peuvent exister entre les mêmes cas. On sait bien, en effet, qu'en clinique et surtout quand on veut établir certaines synthèses, mieux vaut toujours un petit nombre de cas de telle ou telle espèce pathologique, pourvu qu'ils soient étudiés de façon que les données obtenues soient comparables, qu'une multitude désordonnée de faits morbides incomplètement observés et souvent sans relations entre eux ou si espacés dans le temps qu'ils ne permettent de suivre que très lentement ou très difficilement le fil de réseau caché qui les enlace au point de vue nosologique.

Néanmoins guidé par notre expérience nosocomiale, c'est dans la visite à domicile ou dans la consultation privée que nous avons eu l'occasion d'utiliser pour notre but le plus grand nombre de cas de certaines autres localisations des affections dont nous traitons ici, telle que la dermatose récidivante des mains et du sein, les lymphangites du scrotum et des membres supérieurs, et toutes les formes cliniques de la filariose, maladie extrêmement fréquente dans notre pays ; et il nous fut possible de comparer journellement leur diversité apparente avec l'analogie que notre jugement clinique découvrait constamment entre les autres manifestations lymphangitiques plus fréquentes dans les infirmeries indiquées, telles que l'adénopathie inguinale non classifiable, la dermatose récidivante des pieds et les œdèmes simples des jambes et des malléoles, et de constater sans cesse dans ce dernier groupe la rareté de l'infection et de l'infestation, sauf à exclure en ce qui concerne l'adénopathie citée le contingent de maladies infectieuses cosmopolites survenues au sanatorium espagnol.

CHAPITRE II

Les lymphangites

Depuis le temps où Mazaé-Azema, de l'île de la Réunion[1], a compris sous le nom commun de *lymphangite endèmique* toutes les affections lymphatiques des pays chauds, jusqu'à notre époque, une certaine confusion n'a cessé de régner au sujet de la lymphangite récidivante et de ses relations avec les autres processus propres à la zone torride, et ce, en dépit des importants travaux de A et R Le Dentu [2], de Le Dantec [3], de Dufougeré [4], etc.

Clarac même, dans un livre très récent [5], reconnaît que « bien des points de la pathogénie des manifestations lymphatiques des pays chauds, restent encore obscurs », et sans cesser d'affirmer que « les filaires quelque soit leur rôle, ne constituent pas une condition génératrice nécessaire et indispensable de la lymphan-

1. Mazaé-Azema. *Traité de la lymphangite endémique des pays chauds*, 1879, (cité par Clarac, *ibid.*, t. VI, p. 307).

2. A. Le Dentu. (*Bulletin et mémoires de la Société de Chirurgie*, 1881, 1908). — René Le Dentu. *La Filariose, ses rapports avec l'adénolymphocèle*, etc. (Thèse de Bordeaux, 1907).

3. Le Dantec. *Précis de pathologie exotique*, 1907.

4. Dufougeré. *Elephantiasis, ses rapports avec la lymphangite endémique des pays chauds*. Paris, 1907.

5. Clarac. *Loc. cit.*, p. 308 et 309.

gite et des varices lymphatiques dites endémiques », il groupe et étudie « comme dérivant d'une étiologie et d'une pathogénie identiques » les différentes manifestations pathologiques exotiques groupées sous les dénominations de lymphangites, de abscésses lymphatiques endémiques, adéno-lymphocèle, varicocèle lymphatique, lymphangiome pédiculé inguinoscrotal, lymphorragie interne ou viscérale, lymphorragie externe et éléphantiasis. Pour lui, « il s'agit au fond d'une même maladie dont les manifestations multiples sont solidaires les unes des autres [1] » et tout, en effet, paraît dans son œuvre compris dans le grand chapitre de la Filariose.

Un autre auteur moderne, Salanoue-Ipin [2], ne traite qu'en passant la question de la lymphangite au paragraphe « éléphantiasis », et, lui aussi, dans le chapitre de la Filariose. Aussitôt après avoir analysé sommairement les opinions qu'ont émises sur l'étiologie et la pathogénie de la pachydermie arabe, Janselme [3], Le Dantec [4] et Low [5] qui de leur côté étudient aussi pêle-mêle dans leurs œuvres respectives ces deux affections lymphangite simple récidivante et éléphantiasis — Salanoue-Ipin conclut qu' « au milieu de toutes ces théories il est bien difficile de se faire une opinion précise sur l'étiologie de l'éléphantiasis... ; quoiqu'il en soit,

1. *Loc. cit.*, p. 327.
2. *Loc. cit.*, p. 379.
3. Janselme et Rist. *Précis de pathologie exotique*, Paris, 1909, p. 614.
4. *Loc. cit.*, p. 1032. Dans l'édition de 1911 (t. II, p. 801) Le Dantec traite de l'éléphantiasis dans un chapitre à part et le considère comme autonome et pouvant coexister ou non avec la filariose, mais sans le séparer de la lymphangite endémique simple, comme le propose Dufougeré.
5. Cité par Salanoue-Ipin, *ibid.*, p. 378.

il est l'aboutissant d'une lymphangite réticulaire à répétition *doublée* d'une lymphangite tronculaire et ganglionnaire. » Cette conclusion cause quelque étonnement après l'excellente monographie de W. Dufougeré, de la Martinique, parue trois ans avant, en 1907, et déjà citée. Dufougeré y reconnaissait pour la première fois, croyons-nous, l'indépendance de la lymphangite endémique des pays chauds et lui consacrait une étude nosographique complète établissant de façon définitive que c'est là « une affection bien caractérisée que l'on observe communément aux Antilles et qui, si elle a des relations étroites avec l'éléphantiasis, n'est en aucune façon sous la dépendance de la Filariose » [1].

En effet, la lymphangite récidivante n'est pas toujours un simple symptôme ou épisode de l'éléphantiasis comme le prétendent encore certains auteurs, c'est une entité morbide qui peut exister et qui existe en effet en clinique avec une autonomie parfaite, méritant une description spéciale dans l'ensemble des maladies tropicales. On a le droit d'ajouter avec Dufougeré que l'on peut faire de la lymphangite sans éléphantiasis, mais non point de l'éléphantiasis sans avoir subi au préalable des poussées de lymphangite, ce qui équivaut aussi à dire que l'on peut souffrir de la lymphangite à répétition sans être infesté d'aucune filaire.

Sur ce point concret, notre opinion est identique à celle de notre collègue de la Martinique et avec lui nous admettons en outre que les cas de lymphangite sont beaucoup plus rares pendant la saison sèche que durant l'époque des pluies, ce qui nous conduit à accor-

1. DUFOUGERÉ. *Loc. cit.*, p. 36.

der une grande importance à *l'humidité*, comme facteur auxiliaire de la détermination de la lymphangite endémique. De même nous partageons son opinion que la lymphangite endémique est excessivement rare chez les Européens récemment arrivés aux colonies, bien que cette immunité ne soit pas de longue durée, au contraire de ce qui arrive dans l'éléphantiasis, qui d'après Dufougeré, demande aux étrangers dix ans, au moins, de résidence sous les tropiques pour qu'ils le contractent. Cependant nous ne sommes pas de l'avis de l'auteur cité sur d'autres points. Sans prétendre entrer dans la discussion de son point de vue personnel sur l'étiopathogénie de l'éléphantiasis nous ne laisserons pas d'exprimer nos idées différentes au sujet de l'interprétation que l'on doit donner des conditions du système lymphatique chez les individus qui résident sous les tropiques.

Dufougeré admet, suivant en ceci Fonssagrives, la prédominance marquée de ce système dans la zone torride et affirme que dans ces pays le système sanguin s'appauvrit, alors qu'au contraire le système lymphatique prend un plus grand développement et détermine une augmentation considérable de la lymphe qui en certains cas et sous l'influence d'une cause extérieure vient à franchir les limites physiologiques et à occasionner un véritable état morbide. Cette lymphatisation s'établirait, d'après lui, de façon lente et insidieuse et il faudrait bien des années pour qu'un Européen s'adaptât à ce point au climat qu'il fût apte à présenter les états pathologiques que l'on vieut d'indiquer [1]. Il y a ici sans

1. DUFOUGERÉ. *Loc. cit.*, page 10.

doute un fait vrai, mais que nous interprétons non seulement différemment, mais de façon tout à fait inverse.

Cela nous entraînerait loin de débattre si l'appauvrissement sanguin des blancs des tropiques, auquel fait allusion Dufougeré, se produit réellement. Mais pour ce qui est du système lymphatique nous n'hésitons pas à affirmer que dans notre zone torride ce système ne *se développe* pas dans le sens exact du terme, mais que tout au contraire ce qui se détermine dans tout le système c'est une débilitation positive dont nous étudierons en temps et lieu le mécanisme intime, débilitation qui dépasse à coup sûr les limites normales et constitue l'état réel prédisposant, que Dufougeré appelle *lymphatisation* et qu'avant lui Corre avait baptisé *lymphatexie*, mais qui, comme nous le verrons, mérite une dénomination plus appropriée et plus precise.

Ces observations ne diminuent en rien le mérite de notre confrère des Antilles, qui a distingué définitivement les deux maladies *Lymphangite endémique* et *filariose*, et a jeté de la sorte une lumière intense sur une question aussi contreversée, même si l'on refusait d'admettre son lymphocoque comme le germe spécifique de la première ou sa théorie de la mort des microfilaires quand elles passent aux jambes et de l'accumulation de leurs cadavres obstruant les vaisseaux et les ganglions lymphatiques proposée comme explication pathogénique de l'éléphantiasis.

De son côté J. E. Ginebra, de Santo Domingo[1], dans sa thèse parue postérieurement au travail de l'auteur

1. J. E. Ginebra. *Contribution à l'étude étiologique de l'Eléphantiasis des arabes*. Thèse de Paris, 1908.

martiniquais, après avoir discuté les deux théories étiologiques de l'éléphantiasis des arabes, la théorie filarienne et l'infectieuse, il se déclare éclectique, et admet que la cause est purement filarienne dans quelques cas indiscutables, filarienne et infectieuse (streptococcique) dans l'immense majorité des cas, exclusivement infectieuse, analogue à l'éléphantiasis *nostras*, enfin, dans un assez petit nombre de faits cliniques. Eh bien, pour nous, ces cas « en assez petit nombre », similaires à la pachydermie des pays froids, sont sans doute des cas de lymphangite à répétition non filariosique tels que ceux qu'avait établis Dufougeré un an avant, et ces poussées de lymphangite endémique simple peuvent être si réitérées qu'exagérant l'obstruction et l'ectasie chez les lymphatiques, elles laissent après elles dans le membre affecté une certaine augmentation de volume permanent parfois considérable, mais jamais aussi accentuée que le moins intense que l'on pourrait supposer dans un éléphantiasis véritable.

Patrick Manson [1], dont l'intervention a été décisive dans les questions relatives à la filariose, et à qui revient l'honneur de l'unification étiologique des aspects cliniques si divers de cette affection, en reconnaissant que la lymphangite est une lésion fréquente dans toutes les formes de la filariose, particulièrement dans l'éléphantiasis et en acceptant comme très juste la dénomination de *fièvre éléphantiasique* proposée par Fayrer [2] paraît

1. PATRICK MANSON. *Tropical diseases*, 1907.
2. PATRICK MANSON, *ibid.* page 620.

être le fondateur de la théorie filariosique pure de la lymphangite des tropiques, et en n'étudiant pas celle-ci à part, mais inclue avec l'éléphantiasis dans le chapitre général de la filariose, il contribue aussi de la sorte à la confusion qui règne entre ces deux processus morbides, la lymphangite récidivante simple et la lymphangite éléphantiasique.

Dans la dernière édition de son traité de pathologie exotique, le professeur le Dantec[1] expose à ce sujet une doctrine réellement ingénieuse bien qu'elle ne réussisse cependant pas à résoudre une question aussi débattue. Il distingue deux catégories de poussée éléphantiasique : l'accès *fruste* ou atténué, sans phénomènes fébriles, mais avec œdème et un peu de rougeur, c'est-à-dire un simple accès *local* provoqué par la fatigue physique ou par une irritation quelconque de la région, dont la lymphe renferme alors un coccus essentiellement polymorphe, le *dermocoque* ; et l'accès *complet* qui comprend l'accès local et, en outre, des phénomènes réactionnels, fièvre élevée et ses concomitants, qui constituent l'accès général. En ces occasions on trouve dans la lymphe de la partie affectée et côte à côte avec le dermocoque un streptocoque qui n'y existant pas en temps ordinaire doit y être apporté par la circulation générale[2], de façon qu'arrivé dans le foyer microbien

1. Le Dantec. *Précis de Pathologie exotique,* 1911.

2. Le Dantec, invoque à l'appui de cette opinion l'expérience suivante d'Abramie et Richet fils (Soc. biol., 1909). Ces chercheurs prétendent avoir démontré de la sorte que l'érysipèle ordinaire est le plus souvent d'origine sanguine générale.

Ils injectent une culture de streptocoque dans la veine marginale de l'oreille *droite* d'un lapin et versent quelques gouttes de xylol sur le pavillon de

latent, il se développe en symbiose avec le dermocoque, et provoque l'accès franc complet.

Cette façon de voir suffirait tout au plus pour expliquer les deux formes cliniques, atténuée et intense, de la lymphangite endémique simple ou autonome qui complique certainement itérativement l'éléphantiasis et qui très probablement constitue un des facteurs pathogéniques de la pachydermie, mais qui, comme nous l'avons vu, peut exister, et existe, absolument pur, indépendamment de l'éléphantiasis, modalité clinique de la filariose, dans le chapitre de laquelle le professeur que nous citons continue à inclure l'étude de la lymphangite récidivante simple et maintient en conséquence le *statu quo* nosographique auquel nous avons fait allusion.

Le Dantec reconnait cependant l'élément occasionnel « fatigue physique » dans le déterminisme de l'accès éléphantiasique régional. L'éléphantiasis étant pour lui une dermococcie chronique, cette variété d'accès serait due au pullulement momentané du dermocoque, provoqué par la fatigue physique ou une irritation locale quelconque : conception etiopathologique qui en dehors de la spécificité bactérienne fait, en définitive, partie de celle que nous proposons plus loin, non pas précisément pour l'éléphantiasis, mais pour la lymphangite tropicale pure et pour l'explication du caractère récidivant de celle-ci et des autres processus morbides des pays chauds.

l'oreille *gauche*. La vaso-dilatation produite par le xylol est suffisante pour fixer dans les vaisseaux de l'oreille les streptocoques qui circulent dans le sang général, et le pavillon de l'oreille *gauche* est le siège d'un érysipèle légitime au bout d'un ou deux jours.

A notre sens, les causes principales qui permettent le maintien de pareille confusion et empêchent un accord unanime pour considérer l'inflammation endémique simple ou lymphangite récidivante comme une entité pathologique définie et séparée des autres affections tropicales, et avec des caractères propres qui la distinguent elle-même de la lymphangite *nostras* — ou de la zone tempérée — les causes principales, nous le répétons, nous semblent être les trois que voici :

1° On ne distingue pas suffisamment, en les étudiant, la question étiologique pure et la question pathogénique.

2° On ne s'arrête pas assez à déterminer le concept précis d'action climatérique comme jouant un rôle réel étiologique ;

3° On a presque absolument mis à l'arrière-plan l'élément pathogénique directement dérivé de cette influence tropicale et qui constitue le vrai facteur commun de la lymphangite endémique et de toutes les autres manifestations pathologiques exotiques du système lymphatique, facteur qui établit au fond cette solidarité entre elles, laquelle, comme nous avons eu l'occasion de le voir, est acceptée par Clarac quand il affirme que toutes « dérivent d'une étiologie et d'une pathogénie identiques », sans accorder cependant toute l'importance qu'il mérite à l'élément qui, caché derrière elles, contribue en même temps qu'à les réunir dans la réalité de la clinique à maintenir, en le passant sous silence, la confusion nosographique que nous avons signalée.

C'est précisément l'étude approfondie de ce lien pathogénique, la mise en relief de l'état organique et fonctionnel qui le représente dans la pratique, et qui doit toujours être recherché, le but fondamental du présent travail ; mais avant d'aborder son étude détaillée, il convient d'ajouter en un court résumé quelques données anatomo-cliniques que la pathologie moderne du système lymphatique nous fournit, pour rendre plus facile l'analyse des troubles de ce système que la clinique nous montre tous les jours dans nos pays tropicaux.

Comme l'observe H. Brodier[1], la lymphangite aiguë doit être considérée comme le type des maladies infectieuses et sa pathogénie comporte trois facteurs distincts : l'agent infectieux, la réceptivité des tissus organiques et l'influence du milieu.

Le germe pathogène ne cause ni réaction. ni dommage, s'il ne trouve les conditions de réceptivité nécessaires. « Combien de piqûres septiques ne causent point de lymphangite, et l'on voit des individus qui à la moindre écorchure cutanée sont atteints de lymphangite aiguë et d'adéno-phlegmon... Il faut donc que la phagocytose cellulaire soit diminuée, surtout la phagocytose intra-ganglionnaire, le ganglion étant dans ce cas le premier centre de résistance et de lutte. L'état local des tissus peut créer des conditions de culture exceptionnelles : l'*œdème des membres* réalise les meilleures conditions de réceptivité pour l'agent microbien. Le membre œdématié se trouve en effet dans des conditions inférieures de résistance cellulaire et le microbe trouve un excellent bouillon de culture favorable à son développement ».

1. H. Brodier, *Maladies des lymphatiques*, dans le *Nouveau Traité de chirurgie* de A. Le Dentu et P. Delbet, 1909, p. 77, 79 et 80.

« Et l'influence du *milieu* ne peut être mise en doute : *on connaît la fréquence des affeetions des lymphatiques dans les pays chauds et dans ces régions la lymphangite aiguë banale revêt une forme grave tout à fait spéciale.* »

En face d'une poussée de lymphangite récidivante de nos latitudes, il faut observer, outre la plaque de rougeur caractéristique et les phénomènes cliniques généraux qui la précédent et l'accompagnent, les trois faits suivants ; 1° une porte d'entrée sur le pied correspondant, porte qu'il est parfois facile de constater soit comme une légère excoriation ou crevasse, soit comme une véritable dermite inter-digitale ou de la plante du pied du bord interne ou externe du talon, tantôt comme une phlyctène avec sérosité ou séro-pus, tantôt enfin comme une croûte, ce qui est plus rare. Souvent il arrive que la lésion initiale n'est pas visible. 2° un œdème de la malléole ou de la jambe localisé plus communément sur la moitié inférieure de la région tibiale, au moins au début. 3° une adénite inguinale plus ou moins intense. L'accès passé il peut arriver deux choses : *a*, ou bien il ne reste aucune trace de l'œdème ; *b*, ou bien il persiste et devient chronique à un degré plus grand, ou petit, ou encore surviennent soit l'adénopathie inguinale froide, soit certaines manifestations cutanées récidivantes du pied sur lesquelles nous aurons à insister plus tard et qui dans quelques cas précédent un peu les poussées de lymphadénite, mais qui aussi, comme nous le verrons, sont susceptibles de constituer toute la maladie chez certains sujets, sans presque jamais occasionner alors de véritables poussées inflammatoires dans les vaisseaux ou les ganglions des membres infectés. Bien des fois les deux extrêmités sont attaquées quoique pas simultanément, quand l'œdème persiste, et dans de pareils cas, les récidives sont plus nombreuses ou plus intenses et déterminent ces grandes enflures chroniques caractéristiques qui ne sont point, cependant, loin de là, les œdèmes éléphantiasiques proprements dits.

On ne doit pas être surpris, devant de pareils tableaux d'infection certaine, qu'on ait voulu expliquer leur pathogénie par le seul agent infectieux, et qu'en voyant la fréquence inusitée des poussées et le nombre des cas dans les climats chauds on ait prétendu, bien vainement, trouver une explication satisfaisante et indiscutable dans l'intervention de germes pathogènes spéciaux, c'est-à-dire distincts des microbes ordinaires qui dans les pays froids déterminent la lymphangite nostras, c'est-à-dire le streptocoque pyogène, seul ou associé, les staphylocoques dorés ou blancs, etc. De même le lymphocoque de Dufougeré, le dermocoque de Le Dantec, ou d'autres micro-organismes spéciaux aux tropiques et plus virulents *per se* que le streptocoque de Fehleisen que Sabouraud [1] a trouvé isolé dans le sang durant un accès aigu de lymphangite éléphantiasique, suffiraient à expliquer la fréquence et la gravité de cette affection dans notre zone, s'il n'était un fait, certain et sans cesse constaté, que l'Européen rapatrié voit ses attaques guérir ou du moins s'atténuer à un point marqué. sans compter la circonstance fort

1. Cité par Clarac. *Loc. cit.*

importante que l'affection que nous étudions parait être plus fréquente et plus violente dans certains mois de l'année, comme nous l'avons observé chez nos hospitalisés de Santurce.

Tout cela est encore renforcé par l'observation fort juste de Dufougeré et d'autres auteurs que chez l'Européen le mal ne fait son apparition qu'après un séjour relativement long dans les pays chauds et par l'affirmation de Clarac bien souvent vérifiée par nous que « les blancs indigénisés qui habitent les altitudes de la région des tropiques ne sont jamais altaqués par l'endémie et que le séjour sur ces altitudes améliore toujours la maladie, souvent dans une mesure qui confine à la guérison [1] ».

« Si la quantité de microbes, écrit à son tour Brodier [2], si le degré de virulence des microbes ou leur association jouent un grand rôle dans l'inflammation lymphatique, le terrain, l'organisme humain ont un rôle au moins aussi important. Le même agent infectieux peut, suivant l'état de santé générale, produire des accidents variant d'une adénite simple à une lymphangite gangréneuse et septicémique et à un phlegmon diffus gangréneux. On sait que, dans le diabète, la virulence des éléments pathogènes qui se trouvent à la surface de la peau est exaltée. »

Eh bien pourquoi la lymphangite tropical récidive-t-elle avec tant de fréquence et revêt-elle une forme aussi « absolument spéciale » que le dit Brodier? En quoi consiste la prédisposition du terrain organique des habi-

1. *Ibid.* p. 334.
2. *Ibid.* p. 67.

tants des climats chauds à la susceptibilité plus grande à l'agent pathogène ou pourquoi celui-ci, quel qu'il soit, exaspère-t-il leur violence ?

Que dans tout cas de lymphangite, — de l'une ou de l'autre zone, — un germe microbien entre en jeu, c'est chose si indiscutable que personne n'oserait aujourd'hui la nier, sous peine de tomber dans une impardonnable hérésie scientifique, mais pour notre part, nous adhérons résolument à l'opinion de Clarac qui affirme que pour expliquer le caractère endémique et la gravité dans nos climats torrides de la lymphangite, il faut nécessairement invoquer l'intervention de deux autres éléments, le terrain individuel et le milieu climatologique. Nous ajoutons cependant que pour pénétrer au fond de l'action de ces derniers facteurs, il faut commencer par faire cette distinction attentive que l'un est purement étiologique tandis que l'autre est en réalité pathogénique, distinction qui n'est nullement fictive mais au contraire essentielle pour mieux démêler leurs influences respectives et leur mode particulier d'action.

Le terrain organique est constitué par les modifications générales que l'économie humaine présente dans le système lymphatique comme réaction anatomo-physiologique devant l'action continue de l'autre facteur, le climat. Celui-la (le terrain) est donc un facteur pathogénique dans le développement de la lymphangite récidivante et celui-ci (le climat) est un facteur étiologique dont le mécanisme d'action, c'est-à-dire la manière selon laquelle ses modifications organiques se déterminent, doit être étudié pour que nous nous rendions compte des causes de ces modifications qui non seulement conditionnent la lymphangite endémique mais tous les autres processus que le système lymphatique, et même d'autres systèmes organiques, peuvent présenter dans les pays chauds.

Et au début de cette étude-là, il convient avant tout d'examiner : 1° si ces états de prédisposition se manifestent sous les tropiques de façon isolée, c'est-à-dire sans que jamais ou depuis longtemps l'infection se soit développée chez les individus qui en sont porteurs ; 2° s'ils se manifestent très fréquemment et avec une marche récidivante ; 3° en cas affirmatif, il faut rechercher la cause, *non vivante*, qui en soit directement responsable.

CHAPITRE III

Les lymphangiectasies

On étudie en pathologie sous le nom de *lymphangiectasie* un groupe de processus dont l'étiologie est diverse, mais dont l'anatomie pathologique est identique et qui peuvent se produire aussi bien dans les climats froids que dans les climats torrides.

Selon Brodier [1], « la cause des lymphangiectasies (tropicales ou non) est multiple. La réaction engendre un processus toujours identique... L'inflammation et obstruction du vaisseau lympathique sont des phénomènes *primordiaux*. A ces phénomènes succèdent la distension et la dilatation vasculaire. Les deux premiers stades peuvent varier en ce sens que l'inflammation peut entraîner l'obstruction, ou l'obstruction précéder l'inflammation, mais le phénomène de l'ectasie est *toujours* consécutif aux deux autres. Toute lymphangiectasie présente par conséquent trois étapes : *obstruction*, *inflammation*, ou vice versa, et *distension*. Cette dernière est toujours le processus où aboutissent les deux premières... Au point de vue pathogénique deux éléments sont indispensables pour produire l'ectasie lymphatique : l'élément *mécanique* et l'élément *infectieux*. »

1. *Loc. cit.*, p. 236 et seq.

Et après avoir remarqué que « pendant longtemps les lymphangiectasies rentraient dans le cadre général des maladies des pays chauds, comme si les lésions observées étaient spéciales à ces régions situées sous un climat différent du nôtre et alors que des lésions identiques s'observent sous les climats froids », Brodier ajoute que « le climat (torride ou froid) semble n'apporter que des variantes dans l'aspect clinique de l'affection lymphatique et imprimer une marche plus rapide dans l'évolution de l'affection ».

A nos yeux, c'est le climat torride qui crée ces variantes dans l'aspect clinique et dans la marche de la maladie lympathique parce qu'il apporte quelque chose de plus important qui explique suffisamment ces variations, cette rapidité et cette intensité plus grandes dans l'évolution du processus. A notre avis, basé sur l'observation clinique de cas nombreux de ces affections faite dans les conditions favorables que nous avons rapportées au début de cette étude, *le climat est par lui-même un facteur essentiel et indispensable dans la détermination de ces différentes modalités cliniques, de leur plus grande gravité et de leur marche plus rapide, et surtout du type itératif ou de répétition qui leur est commun à toutes.* Outre la distension lymphatique *consécutive* à l'obstruction du vaisseau qui semble caractériser la lymphangiectasie en général, nous devons tenir compte dans *nos* lymphangiectasies (celles que nous traitons tous les jours nous autres médecins qui exerçons dans la zone torride), d'un certain état d'ectasie *préexistant* à toute infection et aux phénomènes qui en dérivent. obstruction et inflammation des conduits lymphatiques, véritable ectasie climatérique pure pour laquelle nous proposons aujourd'hui le nom de *lymphectasie tropicale primitive*, état ou condition qui chez beaucoup des sujets habitant les pays chauds demeure latent toute la vie et qui chez d'autres, soit par suite de son haut degré d'intensité, soit par suite de diverses causes concurrentes de second ordre, se manifeste sous l'une quelconque des formes ou des localisations que nous décrirons bientôt en détail.

C'est surtout parce qu'on n'a pas prêté attention à cette lymphectasie primitive ou parce qu'on l'a confondue avec la distension finale, qui est la dernière étape évolutive des troubles lymphangiectasiques, autant dans la zone froide que de la zone chaude, qu'est survenue la confusion dans le criterium pathogénique et dans les relations mutuelles des diverses affections que cette lymphectasie pure contribue à engendrer. Et par contre, si l'on tient suffisamment compte de cet important facteur physio-pathologique dans le processus de genèse de ces affections, on trouve la solution du problème de l'unité pathogénique dans leurs variétés étiologiques, et, en outre, il devient possible d'entrevoir ce que nous pourrions appeler *l'action spécifique du tropique* sur nos organismes, contribuant ainsi à faciliter la démonstration par les données de la clinique de ce que les données d'une autre source avaient permis de conjecturer.

En effet, cette lymphectasie n'est en dernière analyse autre chose qu'une manifestation particulière de l'état général permanent provoqué dans l'économie humaine par la concurrence des divers éléments physiques qui constituent *l'ambiance intertropicale*, et il est temps maintenant de nous en occuper comme d'une réalité clinique qui, effet direct du climat, facteur étiologique, se transforme à son temps en un facteur pathogénique présent dans tous les processus lymphangiectasiques de nos latitudes en leur imprimant les caractéristiques particulières qu'ils révèlent et que nous avons déjà plusieurs fois mentionnées.

Dans les lymphangiectasies *tropicales*, par conséquent, il convient de considérer non pas trois stades évolutifs mais quatre, à savoir :

1° Lymphectasie tropicale primitive;

2° Infection et inflammation; } ou vice versa.
3° Obstruction; }

4° Distension finale et lymphectasie consécutive.

Nous n'aurons pas à nous appesantir sur les trois derniers stades. Ce sont les stades classiques des auteurs. Ils existent dans l'ordre indiqué dans les lymphangiectasies des climats tempérés. Par contre le premier, qui peut se manifester pur en clinique, c'est-à-dire sans nul mélange d'infection ou d'infestation, est toujours le début et aussi l'accompagnement obligé de tous les processus lymphangiectasiques tropicaux. Dès lors nous aurons à étudier d'abord la lymphectasie climatérique pure pour la traiter ensuite comme étape primitive et élément inséparable des autres affections lymphatiques des pays chauds.

DEUXIÈME PARTIE

LA LYMPHECTASIE TROPICALE PRIMITIVE

CHAPITRE IV

Généralités

Cette lymphectasie, que l'on pourrait aussi appeler *lymphectasie climatérique simple ou hygrothermique*, est un état, une condition permanente, chez les habitants des pays chauds, qui exige un certain temps pour se constituer chez les individus originaires d'autres latitudes, qui s'atténue et même disparaît aussitôt qu'indigènes ou non indigènes se transportent ou se réintègrent dans les régions extra-tropicales.

En bien des sujets cet état persiste latent durant toute la vie, tantôt parce qu'ils se sont parfaitement adaptés au milieu, tantôt parce que les diverses causes accessoires que nous allons exposer n'ont pas agi sur eux, tandis que chez d'autres, nombreux aussi, il se manifeste sous divers aspects et avec diverses localisations en vertu de la concurrence de ces mêmes circonstances, constituant alors le *substratum* sur lequel se greffe très souvent, bien que pas toujours, l'infection ou l'infes-

DEUXIÈME PARTIE

LA LYMPHECTASIE TROPICALE PRIMITIVE

CHAPITRE IV

Généralités

Cette lymphectasie, que l'on pourrait aussi appeler *lymphectasie climatérique simple ou hygrothermique*, est un état, une condition permanente, chez les habitants des pays chauds, qui exige un certain temps pour se constituer chez les individus originaires d'autres latitudes, qui s'atténue et même disparaît aussitôt qu'indigènes ou non indigènes se transportent ou se réintègrent dans les régions extra-tropicales.

En bien des sujets cet état persiste latent durant toute la vie, tantôt parce qu'ils se sont parfaitement adaptés au milieu, tantôt parce que les diverses causes accessoires que nous allons exposer n'ont pas agi sur eux, tandis que chez d'autres, nombreux aussi, il se manifeste sous divers aspects et avec diverses localisations en vertu de la concurrence de ces mêmes circonstances, constituant alors le *substratum* sur lequel se greffe très souvent, bien que pas toujours, l'infection ou l'infestation pour donner lieu avec leur cortège de phlogose, d'obstruction et de distension secondaire des vaisseaux blancs, aux manifestations cliniques respectives de la lymphangite ou de la filariose.

Cette lymphectasie préalable, à laquelle l'on doit non seulement l'intensité et la fréquence plus grande du processus de la lymphangite des tropiques, mais aussi et surtout son caractère récidivant, (influencé par certaines conditions de température et d'humidité, ainsi que tous les auteurs sont d'accord pour l'affirmer, et nous partageons leur opinion), justifie la rareté remarquable, voire l'absence, des accidents lymphangitiques et filariosiques chez les individus qui réintègrent les zones tempérées, comme aussi le fait que si les poussées se produisent alors, elles ont moins de violence et éclatent à l'époque des grandes chaleurs, ce qui éclaircit enfin d'autres points nébuleux de la lymphangiopathie tropicale.

Mais ce qu'il convient maintenant de considérer, c'est uniquement la réalité clinique de ce substratum physio-pathologique pur et simple, c'est-à-dire sans nul mélange d'infection ou d'infestation.

Nous avons vu qu'à l'infirmerie de l'Auxilio Mutuo on a soigné 60 cas de dermatose itérative des pieds, 38 et 11 cas respectivement d'œdèmes également récidivants des jambes et des malléoles et 175 cas d'engorgements inguinaux-cruraux *non classifiables* et qu'en comparaison il y eut peu de cas de lymphangite endémique — 38 — et fort peu de filariose — 3. Si nous faisons abstraction de ces deux derniers groupes, nous devons noter que chez les malades de ce sanatorium ces trois stades là évoluèrent avec entière indépendance les uns des autres, c'est-à-dire ne se présentèrent pas associés, par exemple, l'œdème de la jambe avec l'adénopathie inguinale chronique ou la dermatose des pieds, mais dans chaque cas la maladie consista en un seul de ces processus, indiquant une véritable localisation autonome pour chaque catégorie de cas de ce qui est purement le résultat d'un seul et même phénomène : la diminution de rapidité du courant de la lymphe, ectasie qui se manifeste tantôt dans la partie *radiculaire*, tantôt dans la partie *réticulaire*, tantôt enfin dans la partie *ganglionnaire* du système lymphatique des membres inférieurs ; véritable lymphectasie simple chronique, à poussées périodiques, avec les expressions cliniques de *dermatose récidivante des pieds, d'œdème péritibial ou périmalléolaire et d'adénopathie inguinale torpide* non classifiables, c'est-à-dire non symptomatiques de quelque processus infectieux banal (dû au streptocoque ou au staphylocoque), ou spécifique (causé par quelqu'un des microbes suivants : gonocoque, bacille de Ducrey, tréponème de Schaudynn, colibacille, bacille charbonneux, bacilles de Hansen, de Koch, de Yersin ou leurs toxines respectives), ou encore créé par la filariose, la leucémie ou le cancer.

Ces stades lymphectasiques des jeunes Espagnols ont été sans doute exagérés mais non provoqués par l'action de la pesanteur comme pourrait le faire penser l'attitude professionnelle qui les oblige à se tenir longtemps sur leurs deux jambes, ainsi que nous l'avons noté en lieu utile. Si pareille ectasie était uniquement d'ordre mécanique, non seulement elle ne s'établirait pas par cette seule raison beaucoup plus souvent dans nos climats chauds que dans les climats froids chez les individus exerçant une profession analogue ; et ce fait est encore digne de remarque, en ce qui concerne le dermatose des pieds, affection récidivante observée très fréquemment dans la clientèle privée où la station sur les jambes supportée longtemps pendant la journée n'a pas nécessairement influence. Il est utile en même temps de rappeler que cette dermatose n'est pas exclusivement réservée aux membres inférieurs : chez quelques sujets, qui ne sont pas soumis à une attitude verticale prolongée, on peut observer aux doigts de la main et dans d'autres endroits homologues à ceux des pieds, une forme dermatosique à répétition identique, dans sa marche et son aspect à celle des extrémités inférieures, et susceptible aussi bien de précéder, d'accompagner ou de suivre celle-ci, que d'exister indépendamment dans d'autres occasions. Et si cette localisation dans des organes déclives porte à penser à une cause mécanique, il est bon de remarquer que nous ne prétendons nullement méconnaître le rôle important de la pesanteur comme élément coadjuvant en général des manifestations lymphectasiques primitives, attendu que, comme on ne le sait que trop dans la lymphectasie secondaire presque sans exception, (tant lymphangitique que filariosique), les localisations se déterminent aussi dans les parties déclives et dans les organes pendillants de l'économie, c'est-à-dire là où naturellement l'ectasie est favorisée par la pesanteur.

Il nous a été donné d'observer en outre divers cas de dermatose récidivante simple du mamelon, nous voulons dire des cas qui se produisent sans intervention de la filariose, qui ne sont pas le début de crises de lymphangite, et qui ne sont pas non plus attribuables à d'autres causes. Nous avons vu également des cas divers de processus analogues dans la muqueuse balano-préputiale avec accompagnement d'un appréciable et assez douloureux engorgement funiculaire et aussi de petits engorgements inguinaux de cours complètement apyrétique, et que nous avons vus se répéter par trois fois chez un même sujet toujours au début de la saison d'été, et coïncider avec certaines modifications asthéniques, également d'ordre climatérique et exemptes de toute autre étiologie responsable autant qu'il nous fut possible de le rechercher. En dépit d'un trait différentiel caractéristique avec *l'herpès-prépucialis*, — la disposition des vésicules dans celui-ci est par groupes tandis que les vésicules lymphectasiques dont nous parlons apparaissent isolées et plus petites, — nous n'hésitons pas à croire que bien d'autres exemples de cette localisation, non fréquente à coup sûr, mais non moins réelle, de la lymphectasie primitive ont dû passer inaperçus.

Une autre observation fort intéressante fut celle d'un jeune péninsulaire qui n'avait pour tout bagage clinique qu'une sensation accentuée d'asthénie générale et une marbrure apparente de tout le tégument externe, mais plus appréciable aux extrémités, de tous points analogue à celle qu'à décrite d'abord Bonnet [1] et plus récemment Comby [2], en Pédiatrie, sous le nom de

1. L.-M. Bonnet. *Livedo anularis* (*Presse médicale*, 12 mai 1909).

2. J. Comby. *La livedo chez les enfants* (*Archives de Médecine des enfants*, novembre 1913.

livedo, avec cette seule variante, en ce qui concerne le réseau lymphatique, qu'au lieu d'apparaître rouge violacé comme le réseau sanguin, il était d'une couleur jaunâtre foncé quoique beaucoup plus pâle que la couleur jaunâtre des taches lymphorragiques cutanées qui restent à la suite des varices lymphatiques du dos des pieds. Comme dans le livedo, il n'y avait ni douleur, ni démangeaisons, ni chaleur ni aucune autre modification de la peau. Il est vraiment étrange que l'on indique comme cause prédisposante du livedo sanguin la station debout prolongée et le froid. Dans notre cas on trouvait la première circonstance, mais comme il était impossible d'invoquer la seconde, on se trouvait conduit au contraire à admettre que l'ectasie capillaire lymphatique presque généralisée était la résultante de l'action lente et continue de la chaleur sur un organisme constitutionnellement prédisposé et soumis à une longue station sur les deux pieds. Il faut ajouter que chez ce jeune homme cet état disparut aussitôt qu'il réintégra son pays pour y passer un hiver et que l'on ne pouvait invoquer nul autre antécédent pathologique et aucune altération concomitante des autres systèmes de l'organisme.

Nous ne voulons pas cependant invoquer à l'appui de notre thèse ces derniers cas, rares ou purement personnels. Nous invoquons, par contre, ceux des trois premières catégories indiquées, dont tout médecin de nos latitudes peut à tout moment démontrer l'existence indiscutable et fréquente.

Outre la pesanteur, diverses circonstances favorisent ordinairement l'apparition des manifestations lymphectasiques et fournissent la clef de leur localisation particulière dans chaque genre de cas. Si chez certains sujets la lymphectasie est radiculaire, chez d'autres, réticulaire, et ganglionnaire dans le reste des cas, c'est certainement parce qu'elle est conditionnée par une ou quelques-unes des causes annexes auxquelles nous avons fait allusion. Chez quelques individus, en effet, la dilatation variqueuse des radicules lymphatiques plantaires et interdigitales se détermine sans que se présente jamais chez eux l'œdème péritibial ou l'engorgement adénectasique de l'aine : et chez de tels sujets la dermatose consécutive se localise dans des régions du pied presque toujours les mêmes, et souvent symétriquement dans les deux. C'est alors qu'intervient par exemple une configuration anormale telle que le pied plat ou creux, ce qui explique la localisation favorite de la dermatose sur le bord et la partie interne de la plante ou sur le talon et les régions qui avoisinent les racines des doigts, conséquence, tant de l'exposition plus grande alors de la peau de ces régions au frottement, que de l'entrave circulatoire qu'y cause la fatigue plus grande de supporter le corps. Et ainsi il nous a été facile dans de nombreuses occasions d'éloigner notablement l'apparition des crises dermatosiques uniquement en donnant au malade le conseil de porter des semelles faites exprès. Dans d'autres cas, celles-ci n'ont pas suffi, il est vrai, mais ont aidé fortement à obtenir un résultat parfait de l'usage de bas élastiques, prescrit bien *que le sujet ne présentât nul signe d'œdème des jambes*, ce qui ne laisse de produire toujours de la surprise chez les malades qui, méconnaissant l'existence d'une ectasie dans la partie radiculaire de leur circulation lymphatique, ne peuvent comprendre que leur mal puisse être guéri par un moyen thérapeutique analogue à celui qu'on emploie couramment pour les localisations réticulaires qu'ils connaissent si bien.

Parfois l'élément surajouté est d'ordre distinct : une constitution spéciale de la peau de certains individus qui fait apparaître de préférence dans leurs pieds les conséquences visibles de la diminution de rapidité du courant lymphatique. Chez quelques-uns le tégument de ces parties est d'une finesse telle que les couches épidermiques se gercent avec la plus grande facilité et favorisent alors l'évolution des altérations anatomiques caractéristiques de la dermatose. Elles peuvent arriver à être secondairement infectées mais elles sont dans leur origine provoquées par un léger traumatisme, puis déterminées et conditionnées par l'état variqueux des radicules lymphatiques. Chez d'autres à l'inverse, on observe une résistance extraordinaire du revêtement cutané de ces régions qui les rend vraiment invulnérables à ces troubles en même temps que peu aptes à contracter des infections localisées, exigeant de profondes effractions pour que les germes pathogènes gagnent d'abord les troncs puis les ganglions lymphatiques, sans laisser derrière eux la plus petite trace anatomo-pathologique au point d'entrée. Il est opportun de rappeler ici la donnée anatomique que « du réseau sous-papillaire lymphatique partent des troncs qui traversent le chorion, en suivant les vaisseaux sanguins et qui, *sans constituer de plexus sous-dermique*, vont se jeter dans les lymphatiques à valvules de l'hypoderme... Il faut noter que le plexus lymphatique sous-papillaire n'est pas réparti en territoires comme les plexus vasculaires et cette continuité explique la possibilité de fusées infectieuses à grande distance [1] ».

Chez des personnes déterminées, la circulation de la jambe déjà ordinairement plus lente que dans les autres trames organiques à cause de la moindre abondance et aussi de la direction récurrente des vaisseaux afférents qui l'irriguent, est, surtout dans sa partie antérieure ou tibiale, si peu active que c'est là nécessairement et non ailleurs, que doit se produire l'ectasie et qu'elle doit se maintenir de façon ostensible sous la forme d'œdème péritibial chronique.

Et enfin quand aucune des circonstances secondaires déjà rapportées n'intervient, la lymphectasie inférieure (podale) la lymphectasie médiane (tibiale) ne se constituent pas ; et c'est alors qu'apparaît le stade lymphectasique supérieur ou inguino-crural. Si chez des jeunes gens de *l'Auxilio Mutuo*, ce fut la localisation la plus courante, l'inverse advint chez les sujets observés hors de ce sanatorium et qui n'appartenaient pas à cette institution, car comme nous l'avons exposé, la dermatose et la lymphangite des membres inférieurs se présentèrent en nombre bien plus grand chez les enfants hospitalisés, c'est-à-dire chez des individus chez lesquels il ne faut pas invoquer la pesanteur comme élément pathogène exclusif, car ceux-là n'étaient pas comme les autres forcés à une station debout prolongée. De

1. L. Landouzy et Léon Bernard. *Eléments d'Anatomie et de Physiologie médicales*, 1913, p. 530.

même nous ne croyons pas permis d'attribuer à la disposition naturelle chez les enfants à éprouver des affections du système lymphatique la fréquence chez eux de ces deux entités cliniques, maintenant que nous avons fait connaître l'interprétation distincte qu'à notre sens mérite le stade lymphatique dont nous parlons relativement au lymphatisme classique observé quotidiennement dans tous les pays, sujet sur lequel nous aurons à insister plus loin. Tout cela sans compter que l'on voit aussi souvent les deux formes chez les adultes.

C'est dans les asiles d'orphelins, il faut le noter, que nous avons pu voir avec la moindre fréquence le type pur des manifestations lymphatiques bas-situées, car l'affection les a compliquées plus fréquemment que chez les Espagnols. Cela n'a rien d'étrange si l'on tient compte de ce fait que les premiers s'exposent constamment aux contaminations en mettant leurs pieds nus en contact avec les pavés humides. Que l'on se souvienne que, comme l'affirme Brodier[1] « l'œdème des membres réalise les meilleures conditions de réceptivité pour l'agent microbien. Le membre œdématié se trouve en effet dans des conditions inférieures de résistance cellulaire et le microbe trouve dans la sérosité du tissu cellulaire un bouillon de culture favorable à son développement ». Si les individus qui portent un pareil stade ne se placent pas par leur genre de vie dans des conditions de contamination facile, ils ne deviendront jamais autre chose que des lymphectasiques chroniques et tout au plus auront-ils des poussées répétées de quel-

1. H. Brodier. *Loc. cit.*, page 80.

qu'une des localisations que nous avons dit, produites par l'association des causes non infectieuses dont nous avons tenu compte. Mais si les sujets qui souffrent de ces manifestations, — et ils sont légion, — trouvent de multiples occasions de s'infecter, il éclatera alors chez eux une première poussée de *lymphangite qui se répétera par là suite autant de fois que la lymphectasie pure de ces malades aura sa poussée*, facilitant, par cet état propice de réceptivité des tissus, l'inflammation aigüe par les germes latents ou par d'autres nouveaux, ce qui ne nous intéresse pas pour le moment.

Et il faut ajouter que si un Européen récemment arrivé en pays torride, ou un habitant des Tropiques qui a vaincu le climat par l'heureuse association de tous les moyens de résistance possibles, ou pour nous exprimer autrement, si un sujet non préalablement lymphectasique a une poussée de lymphangite aigüe, on pourra affirmer avec toute probabilité que ce ne sera qu'une angioleucite banale parfaitement analogue à celle qu'aurait éprouvée le sujet en question dans tout climat, — chaud, tempéré ou froid, — par infection directe traumatique, et nullement une lymphangite avec tendance à récidiver par le fait exclusif de l'infection.

CHAPITRE V

Lymphectasie primitive radiculaire

L'expression clinique de lymphectasie primitive radiculaire est celle que nous proposons sous le nom d'*acrodermatose récidivante*.

Cette relation étant constamment méconnue, on rapporte d'habitude les manifestations cutanées à la diathèse urique comme aussi à la syphilis, vu la disposition symétrique ou bilatérale en bien des occasions, erreur qui après tout ne doit pas étonner, si l'on tient compte de ce fait que les malades n'ont d'habitude recours au médecin que dans une phase déjà très avancée du processus évolutif des lésions dermatosiques dont le véritable point initial est la dilatation variqueuse des capillaires lymphatiques d'origine.

En général ce que le médecin voit quand le malade le consulte, ce sont à la fois des ampoules pleines de sérosités ou de séro-pus, beaucoup déchirées, laissant à découvert le corps muqueux de Malpighi perforé parfois au centre; des zones d'épiderme ramolli et gercé ou exfolié, soit enfin des lésions en voie de cicatrisation alternant avec d'autres correspondant aux premières étapes, c'est-à-dire quelques élevures papuliformes, prurigineuses, déjà près de se transformer en vésicules.

La poussée débute par une vive démangeaison dans les régions où viennent ensuite se dérouler les manifestations apparentes de la dermatose, surtout dans les espaces interdigitaux, ce qui oblige le sujet à se gratter et contribue de la sorte à la congestion de la peau et à la rupture de ses premières couches d'où émane une petite quantité de lymphe ichoreuse qui à son tour propage aux environs l'irritation et le prurit. Peu de temps après les lésions circonscrites caractéristiques font leur apparition sur les parties avoisinant les racines des doigts, sur le talon ou sur un des bords du pied, sans que nul de ces emplacements soit exclusif.

Une petite élevure papuliforme, de la dimension d'une tête d'épingle ordinaire ou à peu près, dur et assez douloureuse à la pression, se transforme, peu d'heures après, en une vésicule légèrement plus grande, dont le contenu, décollant à son alentour sur une certaine extension les couches épidermiques, transforme la vésicule en ampoule. Celle-ci, ou bien se rompt, soit spontanément, soit par le malade lui-même, ou bien devient séro-purulente et augmente encore jusqu'à ce qu'elle atteigne la dimension d'un bouton de chemise, éclatant enfin et découvrant un fond avec une dépression cratériforme centrale où l'on peut observer, échelonnées, les différentes couches épidermiques par lesquelles s'élimine une exsudation pendant un certain temps. Parfois cependant cette dépression se sèche rapidement.

Pour comprendre l'enchaînement successif de ces lésions, il convient de se souvenir que les vaisseaux lymphatiques naissent au niveau de chaque papille du derme par un gros capillaire central qui se réunit au capillaire voisin pour former un réseau sous-papillaire. La lésion acrodermatosique a son point de départ dans la dilatation variqueuse de ces capillaires lymphatiques d'origine qui forment un cul-de-sac dans les papilles du derme.

Comme résultat de la forte tension de son contenu, la paroi purement endothéliale du vaisseau se détend et s'amincit, permettant à la sérosité de gagner les espaces intercellulaires du corpuscule de Malpighi, de rompre les filaments qui en unissent les cellules et de les séparer les unes des autres jusqu'à former des espaces lacunaires dans le stratum granuleux. A son tour celui-ci se détache et s'amincit portant en avant le stratum lucide et les couches cornées; et l'on comprend que l'épiderme se décolle du corps papillaire de deux façons : ou en bloc si les adhérences entre les cellules malpighiennes sont très solides, ou en se séparant les unes des autres avec la plus grande facilité formant alors des espaces circonscrits qui se remplissent rapidement de sérosité pour constituer, par le décollement des couches épidermiques superficielles, les vésicules et les ampoules, processus qui n'est autre que celui que les dermatologues [1] désignent sous le nom de *vésiculisation interstícielle* pour la distinguer de la vésiculisation parenchymateuse où se forme la petite phlyctène, au contraire par œdème intra-cellulaire.

L'évolution totale de chaque lésion dure quelques jours, de cinq à sept, et la poussée dermatosique,

1. Voir : Brocq et Jaquet. *Pathologia General cutanéa*. S. Calleja, éd. Madrid. Pag. 34.

abandonnée à elle-même, ou confiée à la seule action des topiques antiseptiques sans nombre ou simplement des siccatifs, peut se prolonger des semaines ou même des mois durant lesquels on voit se reproduire, presque indéfiniment au grand regret du malade, les ennuyeuses manifestations dermatosiques.

Parfois, mais rarement, on peut observer une légère lymphite qui, partant de quelqu'une des lésions, ne s'étend guère d'ordinaire au delà du pied et ne se transforme pas en véritable poussée de lymphangite de la jambe, bien qu'étant susceptible cependant de donner lieu à un léger mouvement fébrile.

D'ordinaire les deux pieds sont atteints l'un après l'autre, parfois simultanément, ce oblige qui le sujet à interrompre ses occupations habituelles parce qu'il ne peut supporter ni la chaussure ni la marche. Cet état peut se prolonger quelques semaines à moins de mettre en usage le seul moyen efficace de diminuer sa durée et d'obtenir un succès positif des recours pharmacologiques locaux [1]. Ceux-ci ne doivent pas être à coup sûr

1. Dans la phase prévésiculaire l'application sur les parties affectées d une solution d'acide picrique à 12 °/ₒ nous a donné d'excellents résultats. L'action kératoplastique de cet agent, si efficace dans les brûlures, l'est aussi dans l'affection que nous étudions, à ce point qu'employé en temps opportun il réussit bien souvent à arrêter net la poussée dermatosique. Après avoir écrit ce chapitre, nous avons eu l'occasion d'en avoir une preuve de plus chez un nord-américain chez qui, en moins d'une semaine, nous vîmes avorter une attaque de dermatose des mains grâce au seul usage de la solution indiquée.

La première étape parcourue, non seulement elle n'est plus favorable, mais peut-être l'emploi de cette solution serait-il préjudiciable, et alors nous préférons prescrire la pommade ci-après indiquée :

Yctyol............................	5 gr.
Vaseline stérilisée..................	30 —

M. u. e.

des antiseptiques irritants que l'on ordonne d'habitude avec le but exclusif de combattre les germes infectieux, car s'il est vrai que ceux-ci interviennent souvent, ils le font dans les étapes ultimes du processus et en manière de complication. Le moyen thérapeutique auquel nous venons de faire allusion n'est autre que le décubitus horizontal maintenu pendant tout le temps que dure la période aiguë des lésions et jusqu'à ce que cessent d'apparaître de nouvelles lésions, lesquelles se manifestent alors plus rares et douces cependant et beaucoup moins violentes.

Ce traitement aussi simple qu'efficace institué, on voit alors se produire l'action réelle des topiques anti-

Avant d'appliquer la pommade, nous conseillons de lotionner ou mieux de fomenter pendant quelques minutes les parties avec cette prescription :

Borate de soude....................	5 gr.
Acide borique.......................	40 —
Eau filtrée bouillante................	1 litre

Mélanger et dissoudre pour usage externe.

L'application doit être bi-quotidienne.

Dans la dernière phase, nous prescrivons uniquement le dermatol afin d'accélérer le desséchement des parties affectées.

Dans le traitement ambulatoire, nous recommandons au malade de placer toujours entre les doigts de pieds un peu de coton hydrophile qu'il faudra renouveler fréquemment, afin de contribuer de la sorte à éviter l'irritation de la région par l'exsudation.

Avant d'adopter ce traitement local si simple, nous avions essayé une quantité de topiques de tout genre, dans les infirmeries et dans notre clientèle, sans résultat satisfaisant ; tout au contraire même, dans certains cas nous n'arrivions qu'à aggraver l'état des lésions. Nous devons cependant faire une exception pour la pommade suivante, qui nous semble avoir été parfois de quelque utilité dans la seconde période.

Oxyde de zinc........................	5 gr.
Acide phénique......................	0 — 50 »
Lanoline........ / Vaseline........ } āā..............	15 — »

Mélanger, usage externe.

Poudrez d'une bonne quantité de talc boraté.

septiques, et la poussée évoluer avec rapidité. Les surfaces découvertes et les surfaces ramollies se sèchent bien vite, la douleur et la congestion cessent et les lésions se cicatrisent enfin sans laisser de traces durables, la durée de l'attaque dermatosique se raccourcissant de la sorte notablement et permettant au sujet de reprendre ses occupations.

La dermatose des mains présente des caractères analogues, quoiqu'elle se distingue de la dermatose des pieds, outre sa moindre fréquence, par certains traits résultant des circonstances anatomiques qui différentient normalement la peau des deux extrémités, supérieure et inférieure. Les lésions, dans leur phase avancée, acquièrent dans l'acrodermatose supérieure un aspect eczémateux, parfois humide, ou sec dans bien des cas. Mais dans les premières étapes évolutives cette acrodermatose est identique à la dermatose des pieds. Peut-être la période de congestion prurigineuse se manifeste-t-elle plus intense et les élevures papuliformes sont-elles plus appréciables. On peut voir avec facilité les bords des doigts affectés se sillonner comme des cordonnets blanchâtres formés par ces élevures quand ils se disposent en séries.

Aux mains le processus s'étend en superficie plus qu'aux pieds, où, nous l'avons vu, il peut adopter à la fin des formes phlycténulaires plus grandes.

D'ailleurs, égale tendance à la récidive à certaines époques, même résistance au traitement. Il est à noter que l'on peut arriver à un bénéfice identique par le maintien au lit du malade ce qui, comme bien l'on pense, est difficile à obtenir parce qu'il n'est pas aisé de convaincre le sujet qu'une poussée de cette nature et ainsi localisée doive exiger un remède qui, pour quelques-uns, représente d'ordinaire un vrai supplice.

Quand les deux extrémités, supérieure et inférieure, sont atteintes à la fois, ce qui n'est pas rare, on ne doit pas considérer ce fait comme une auto contagion, mais simplement comme deux manifestations presque simultanées d'un même état chez un même sujet par suite de circonstances analogues générales et locales ; et alors on peut voir la dermatose des membres supérieurs guérir bien plus rapidement si à cause de la poussée des membres inférieurs le malade s'est résigné au sacrifice de garder le lit.

Comme il arrive dans la dermatose du membre inférieur, le processus, à la main, ne dépasse pas d'ordinaire la région située au-delà de l'articulation du poignet, à moins que l'excessive finesse de la peau ou d'autres circonstances aggravantes tenant au malade permettent qu'elle s'étende à l'avant-bras. Nous avons observé un cas très remarquable de ce genre chez un Espagnol de l'*Auxilio Mutuo*, un Basque nommé Casas. En quatre ans il eut à supporter simultanément tout autant d'attaques aux pieds qu'aux mains. Elles commencèrent toujours au printemps si intenses et si longues qu'il ne pouvait vaquer qu'une très faible partie de l'année à ses occupations d'administrateur d'une plantation de cannes à sucres. Le reste du temps, il le passait au sanatorium à traiter son affection persistante. Celle-ci, dans ses dernières périodes, s'infectait d'habitude secondairement et causait au sujet une véritable et intense dermatite qui se terminait par l'exfoliation de la peau des mains et des avant-bras, des jambes et des pieds. La quatrième de ces poussées, transformée, on le comprend, en quelque chose de très distinct et de très éloigné du processus primitif, s'étendit rapidement à toute la superficie de la peau et fit succomber subitement le patient un matin par un de ces cas de *mort soudaine par eczéma généralisé* sur lesquels Feer [1] a tant insisté en ce qui concerne les enfants, dans l'autopsie desquels, dit-il, « il n'a trouvé qu'un état lymphatique ». « Cet auteur pense que la mort soudaine au cours de l'eczéma est en relation directe, dans la plupart des cas, avec cet état lymphatique, et qu'il faut le lui attribuer directement. (Galewsky). L. Langstein [2] croit cependant avec Guaitia que « la néphrite peut avoir quelque influence sur les cas de mort subite survenus au cours de l'eczéma généralisé ». Nous ne pouvons pas intervenir dans cette discussion et nous bornons à consigner le fait tel qu'il est.

1. Cité par E. GALEWSKY, *Trat. enc. de Pediatria*, de PFAUNDLER ET SCHLOSSMANN. Tome III, page 749 (édition espagnole).

2. *Ibid.*, page 302.

CHAPITRE VI

Lymphectasie réticulaire ou lymphangiectasie primitive.

Elle cause l'œdème chronique simple de la jambe. Les premiers temps c'est une enflure à poussées périodiques ou intermittentes, mais plus tard elle se constitue d'une façon définitive d'abord sur une jambe, puis sur l'autre, ou bien elle persiste toujours sur une d'elles sans envahir la seconde, ou encore elle ne le fait qu'à un degré notablement moindre.

Elle atteint parfois des proportions considérables, surtout si le sujet, le plus fréquemment une femme, ne s'astreint pas, dès le début, à l'usage du bas élastique, recours unique pour enrayer l'accroissement qui augmente à mesure que la journée avance, et prévenir les accès de lymphangite qui se greffent facilement sur cet état et dont l'apparition est favorisée par deux circonstances principales : l'humidité du sol et une marche prolongée ou tout autre exercice excessif pratiqué à l'aide des extrémités inférieures : danse, couture à la machine à pédale, etc.

Ces deux causes accessoires agissent par un mécanisme analogue. L'humidité détermine d'une façon réflexe des modifications dans le régime circulatoire des membres inférieurs, ce qui exagère par fatigue des éléments musculaires lisses des vaisseaux blancs l'ectasie de leur contenu. Les marches prolongées et les autres excès physiques du même genre, s'ils provoquent au début une activité plus grande de toutes les fibres musculaires tant striées que lisses de l'extrémité inférieure, arrivent à la fin à déterminer, également par fatigue de ces éléments contractiles un état atonique momentané des parois vasculo-lymphatiques qui, uni à la diminution de l'efficacité du facteur contractile extrinsèque constitué par les muscles volontaires de la région, conduit à un résultat identique : l'ectasie.

Prédisposé de la sorte le terrain organique, les germes infectieux provoquent la poussée inflammatoire, et à plus forte raison s'il s'y ajoute quelque autre état général dans le système circulatoire du sujet : émotions, faiblesse due à l'insuffisance de l'alimentation ou quelque autre cause.

En effet, les préoccupations, les ennuis, les mauvaises nuits, et en un mot tout ce qui peut produire une débilitation nerveuse ou névro-vasculaire passagère, sont des conditions capables d'amener l'explosion d'une poussée lymphangitique chez les individus qui portent habituellement la lymphangiectasie tropicale primitive des membres inférieurs. Il est toujours bien entendu que quand nous parlons de ces manifestations de l'ectasie lymphatique climatérique, nous excluons absolument tous les autres états semblables résultant d'affections d'une autre nature : cardiaques, dyscrasiques ou rénales.

L'usage approprié du bas élastique s'oppose aux trois facteurs les plus importants qui exagèrent la lymphectasie réticulaire, car non seulement il obvie à la recrudescence vespérale de l'œdéme et même à la marche progressive de l'affection, mais il supprime autant l'influence de l'humidité du sol que les effets circulatoires des exercices prolongés.

Dans notre pays on donne à cet état lymphectasique chronique des jambes le nom populaire d'*erisipela boba* (érisipèle Sosse) quand, par suite de raisons spéciales, — soins et habitudes d'hygiène du malade, vie pas très active, peau résistante, traitement opportun, etc., — le processus lymphangitique à répétition auquel il prédispose est très atténué, ordinairement apyrétique, et ne donne lieu qu'à une rougeur légère et pas très étendue des parties œdématiées. Nous avons connu des sujets, des femmes surtout, qui pendant bien des années ont présenté cette condition torpide de la circulation blanche des deux jambes sans arriver jamais à souffrir de véritables poussées de lymphangite récidivante.

Comme on le voit, nous pouvons maintenant nous mieux expliquer tant la plus grande intensité de cette dernière affection dans les pays chauds, que son caractère itératif, de même que la prédilection de la localisation lymphangitique pour certains endroits de notre organisme dans lesquels peuvent se réunir des conditions plus favorables que dans d'autres pour la pullulation des agents microbiens, communs ou non, capables de créer le conflit pathologique qui, comme nous l'avons rappelé, personnifie le type le plus achevé de l'infection aiguë.

CHAPITRE VII

Lymphadénectasie primitive.

Les engorgements durables que les attaques de lymphangite laissent d'ordinaire après eux dans les ganglions inguino-cruraux n'en sont pas la représentation, et pas davantage les adénopathies déterminées dans cette région par les autres infections.

Elle n'a pas non plus de ressemblance avec l'adénolymphocèle filariosique, si ce n'est sa localisation et son grossier aspect extérieur, ou la circonstance commune à ces deux manifestations adénectasiques de subir des changements de volume à la suite des variations de température et de climat, comme l'affirme Brodier[1] à propos de cette dernière.

Au contraire des adénectasies inguinales d'origine filariosique, qui présentent une consistance un peu molle, qui sont mobiles et finissent par constituer une masse unique, la localisation ganglionnaire de la lymphectasie climatérique simple est dure et constituée bien souvent par divers ganglions peu mobiles et dont le nombre et la dimension peuvent varier entre des limites étendues, arrivant parfois, comme nous l'avons constaté parmi les cas de l'*Auxilio Mutuo*, à former des

1. H. Brodier, *loc. cit.*, pages 252 et 256.

paquets si considérables et si gênants qu'ils exigent souvent l'intervention chirurgicale.

A une époque déterminée de l'année, et généralement au début de la saison d'été, elle éprouve une certaine augmentation de volume et ne cède d'ordinaire que partiellement chez certains individus ; et chaque poussée, toujours apyrétique, laisse alors derrière elle une certaine augmentation dans la grandeur et le nombre de ganglions engorgés. Pareil fait donnait lieu — au sanatorium — à ce qu'y apparaissaient, avec une allure épidémique, divers cas simultanés *d'engorgements ganglionnaires non classifiables* dont quelques-uns furent justifiables de l'extirpation.

Dans la majorité des cas, l'adénectasie simple n'arrive pas à de pareilles proportions. Elle se borne à un ou deux ganglions de petite dimension, quoique facilement appréciables, sur un ou sur les deux côtés. Et à ce dernier égard il faudrait répéter ce que nous avons dit quand nous traitions de la lymphectasie réticulaire.

Le fait d'avoir constaté un nombre de malades de cette nature relativement considérable, tant au sanatorium qu'ailleurs, trouve sa raison d'être dans la profession de chacun de ces sujets, obligés à rester debout presque toute la journée et faisant très peu d'exercices en plein air. Il va sans dire que nous ne nous rapportons ici constamment qu'aux cas d'engorgements inguino-cruraux non classifiables, c'est-à-dire à ceux qui ne furent déterminés par aucun processus infectieux ou infestant.

Point n'est besoin, pour que ces engorgements chroniques de l'aine se produisent, que le sujet qui en est porteur ait enduré auparavant une ou plusieurs poussées de lymphangite. Et quoique nous ayons soigné des cas qui coexistaient avec des poussées de lymphectasie radiculaire ou succédaient longtemps après à ces dernières, nous pouvons catégoriquement affirmer que dans le plus grand nombre des cas nous les avons trouvés tout à fait affranchis de cette forme lymphectasique et encore plus de la forme réticulaire.

L'existence de la localisation ganglionnaire autonome de la lymphectasie climatérique pure contribue peut-être de son côté à expliquer un état pathologique dont on discute encore la vraie genèse, *le bubon climatique*, « portant ordinairement sur les ganglions inguinaux ou inguino-cruraux, dont la nature est encore indéterminée, et qui se manifeste sous forme endémique ou épidémique dans les régions tropicales[1] ». Pour Scheube[2] il est *le résultat d'un facteur qu'on n'a pas découvert, qui a sans doute quelques liens avec les conditions climatériques*. L'agent vivant serait pour Pigeon et Tanton[3] le *bacillus fluorescens putridus* ou *liquefaciens*, qui, « pénétrant par des lésions génitales (chancre ?) et arrivant lentement à l'aîne, provoquerait le bubon dont on a parlé et exigerait des conditions particulières pour exercer sa puissance pathogène, conditions qui seraient réalisées par *une débilitation de l'état général qui est fonction de la chaleur* ».

Pour beaucoup d'autres auteurs, comme Cantlie,

1. Brodier, *loc. cit.*, page 203.
2. Scheube. *The diseases of warm countries*, 1904, page 230.
3. Pigeon et Tanton. Contribution à l'étude d'une variété particulière d'adénites inguinales (*Arch. gén. de Médecine*, février 1908).

Simpson et Todd, Luzzati, et Wurtz [1], etc., l'adénite climatérique est simplement une forme larvée et atténuée de peste bubonique, la *pestis minor* ou *infection pesteuse locale*, qui peut précéder de quelque temps l'apparition d'une épidémie réelle de peste noire. Et à propos de cette dernière opinion, nous devons noter que le Dr Gutierrez Igaravidez [2] et nous même avons pu observer au vieil *Auxilio Mutuo* deux cas simultanés très caractérisés de ces bubons climatiques, bien des mois avant l'épidémie de *peste* qui nous visita au milieu de 1912, sans avoir formulé, bien entendu, cette opinion *a posteriori*. Tous deux guérirent et il n'est pas inutile de remarquer que le diagnostic différentiel de leur adénopathie fut soigneusement étudié, y compris les examens bactériologiques du pus recueilli, qui furent complètement négatifs.

La conclusion que l'on tire de l'analyse de tous les travaux publiés à ce sujet peut se formuler ainsi, selon Brodier [3] : « Quelle que soit la cause, infection pyogène ordinaire ou spéciale, infection pesteuse, *le climat, qui a une action manifeste sur le système lymphatique, imprime souvent des caractères spéciaux aux inflammations ganglionnaires*, même s'il n'est pas le facteur principal de l'adénite. »

Et nous ne laisserons pas de mettre à profit cette occasion de faire noter ce fait significatif que durant notre épidémie de peste bubonique, quelqu'un publia,

1. Cités par H. Brodier, *loc. cit.*, p. 205.

2. Directeur alors du bureau de Mal, tropic, et transmissibles; et membre actuellement de l'Institut de Médecine Tropicale et d'Hygiène, de Porto-Rico.

3. *Ibidem*, page 206.

(non pas dans la presse professionnelle), qu'on avait constaté au nouvel *Auxilio Mutuo* sous forme « plus ou moins épidémique » divers cas de bubons « non chancrés, non tuberculeux, non syphilitiques, non cancéreux, etc., etc. », d'adénites inguinales non classifiables, en un mot, très probablement analogues à celles que nous avions observées tous les ans vers la même époque dans l'ancien établissement de cette institution. Il ne nous a pas été possible d'acquérir la conviction certaine à propos de la nature de tous les cas auxquels nous venons de faire allusion, mais nous pouvons assurer que l'un d'eux, qui fut qualifié officiellement de suspect de peste, fut envoyé par nous à ce sanatorium, — coïncidence curieuse, — le jour même où l'épidémie se déclara, pour y être opéré. Ce sujet était venu quelque trois semaines avant à notre consultation privée et présentait un cas très banal de lymphadénectasie tropicale pure dont la seule particularité était son grand volume : un paquet de ganglions inguinaux, durs, à grossissement lent, apyrétiques et sans étiologie responsable. Nous avions conseillé au malade l'ablation de ces ganglions, intervention qui fut retardée par des circonstances spéciales et, loin de suivre, en attendant, notre conseil de se mettre au lit et de ne faire usage d'aucun topique afin de ne pas disposer défavorablement la peau et de ne pas nuire au bon effet opératoire, il continua à vaquer à ses occupations habituelles et à appliquer sur la région affectée une pommade résolutive et irritante. Le jour qui précéda son transfert au sanatorium, il vint, son paquet de ganglions déjà à demi ramolli, et le tégument sus-jacent dans l'état que l'on peut supposer. On l'opéra le lendemain de son entrée. Le cours opératoire dura bien des semaines, comme il arrive en règle générale quand les ganglions sont dans ces conditions. Ce cas, officiellement catalogué comme suspect de peste, (bien qu'il ne fût pas possible d'avoir *de visu* les preuves irréfragables de cette affirmation), fut, selon le résumé de son histoire que nous venons de tracer, tout simplement un exemplaire clinique de lymphadénectasie climatérique, comme tant d'autres, mais infecté par des germes communs et suppuré secondairement.

CHAPITRE VIII

La fréquence de l'hydrocèle

Un autre fait clinique qui résulte naturellement de la conception pathogénique que nous venons de développer, c'est la *fréquence inusitée de l'hydrocèle dans les pays chauds*, en mettant de côté, bien entendu, la contribution numérique apportée par l'hydrocèle purement filariosique. Rappelons cependant pour fixer les idées quelques points relatifs aux troubles qu'occasionnent le nématode de Bancroft.

Nous savons que dans le testicule et ses enveloppes la filariose provoque quatre manifestations cliniques différentes. Deux qui sont tributaires du territoire lymphatique correspondant aux ganglions inguinaux : *le lympho-scrotum et l'éléphantiasis des bourses;* et deux autres qui se rattachent aux vaisseaux blancs afférents aux ganglions lombaires : la *filariose génitale interne* ou *maladie d'Audain* (de Haïti) et l'*hydrocèle chyleux* ou *chylocèle.*

Eh bien, l'ectasie lymphatique déterminée par les vers dans ces deux territoires est le facteur responsable commun des quatre variétés cliniques que nous venons d'énumérer, et leur diversité ne dépend que des conditions anatomiques des parties ou des organes où s'établit la distension lymphatique (dans le département vasculaire respectif) et selon la résistance plus ou moins grande qu'opposent ces parties ou ces organes à la dilatation des réseaux lymphatiques correspondants.

En ce qui concerne la filariose génitale externe, dans le lympho-scrotum, une telle distension a une valvule d'échappement : la lymphorragie, tandis que c'est le contraire dans l'éléphantiasis du scrotum.

Parallèlement, dans la filariose du second groupe, l'hydrocèle chyleux représenterait la lymphorragie du scrotum. En effet, pour le Dentu[1], l'hydrocèle laiteux procède dans tous les cas de l'obstruction des vaisseaux lymphatiques, et le liquide qui le caractérise est le produit d'une lymphorragie due à son tour à l'obstruction produite presque toujours par la filaire. L'obstruction lymphatique que provoque l'hydrocèle chyleux serait alors partielle ou relative, comme il advient dans les varices lymphatiques[2] et dans le lympho-scrotum[3]. Et dans ce même second groupe, la maladie d'Audain remplirait à son tour le rôle de l'éléphantiasis du scrotum au point de vue pathogénique mais non pas au point de vue clinique et anatomo-pathologique, attendu que les conditions anatomiques sont très différentes, car le testicule n'est pas susceptible de distension. Par contre la *compression* interstielle de cet organe (équivalent anatomo-pathologique) donne comme équivalent

1. Cité par SEBILEAU. *Maladies du scrotum et de la tunique vaginale* dans le *Traité de chirurgie clinique et opératoire* de LE DENTU ET DELBET, 1902 (édition espagnole), t. I, p. 333 et sq.

2. SEBILEAU. *Loc. cit.*, p. 342.

3. LÉON AUDAIN. *Pathologie intertropicale*. Port-au-Prince, p. 353.

symptomatique ou clinique la douleur, car alors l'obstruction des vaisseaux lymphatiques est totale, au moins durant la poussée d'orchite filarienne.

Vu ce qui précède, il est légitime de dire que dans chacun des deux territoires vasculo-lymphatiques l'ectasie tropicale primitive a souvent sa représentation dans un fait clinique respectif et bien entendu indépendant dans les deux cas de l'intervention de la filariose : ainsi dans le territoire inguino-scrotal, l'existence de ces lymphangites aiguës *à répétition* dans la peau des bourses, qui n'ont rien à voir avec le nématode de Bancroft, et qui sont parfaitement assimilables à la lymphangite endémique récidivante des membres inférieurs, de pathogénie identique bien que de localisation distincte. Et du côté du territoire lombaire (vagino-testiculaire) non pas l'hydrocèle simple *in toto*, de genèse plus complexe, mais en revanche le phénomène clinique confirmé par l'observation de sa fréquence extraordinaire dans les pays chauds.

A notre avis, l'hydrocèle sous les tropiques est conditionné par la lymphectasie hygro-thermique qui s'ajoute à la vaginalite séreuse chronique, base anatomo-pathologique de l'hydrocèle vulgaire de tous les climats. Les autres circonstances de second ordre déjà signalées concourent avec la lymphectasie pure à déterminer cette localisation spéciale et à favoriser la production de l'hydrocèle, ainsi que certaines conditions, la station prolongée sur les deux pieds par exemple, peuvent, comme nous l'avons vu, concourir pareillement à la pathogénie de la lymphangite endémique simple des extrémités inférieures. Il ne s'ensuit pas cependant que l'on doive entendre que la dernière circonstance indiquée soit un élément obligé et constant quand il s'agit de l'hydrocèle, attendu que la fréquence de l'hydropisie vaginale s'observe aussi dans des réunions de gens soumis au contraire à un genre de vie entièrement opposé, ce qui ajoute de son côté une raison de plus à celles que nous avons déjà énoncées pour démontrer la réalité clinique de la lymphectasie purement climatérique.

Par ce mécanisme s'explique donc aisément la plus grande fréquence de l'hydrocèle dans notre zone, sans qu'il soit nécessaire d'en venir jusqu'à le supposer filarien dans tous les cas, comme le fait un médecin distingué, notre compatriote Lopez Antongiorgi [1]. Ayant constaté lui aussi une proportion extraordinaire de cas de cette affection (22,4 °/₀ sur 221 détenus au pénitencier de San Juan) et ayant reconnu qu'il n'existait aucun autre facteur étiologique qui en donnât l'explication, il conclut que « tous les cas d'hydrocèle sont dus sous les tropiques à la filaire », conclusion inacceptable dans son exclusivisme, malgré « le fait si curieux observé par tous de la coïncidence des autres symptômes classiques de la filariose chez le même malade (?) et de la présence chez presque tous, sinon chez tous, en plus ou moins grande intensité, de la dilatation ou hypertrophie des lymphatiques du cordon spermatique comme aussi de l'adénite inguinale ». Et cette dernière affirmation, que d'ailleurs nous approuvons pleinement, vient corroborer, par ailleurs, précisément l'existence

1. J.-A. Lopez Antongiorgi, *Hidrocele, Su etiologia y tratamiento* (*Boletin de la Asoc. méd. de Puerto-Rico*, février 1912).

de la lymphectasie tropicale pure, car cet auteur reconnaît l'absence du nématode dans un grand nombre de cas, si bien qu'il établit que « le fait de la non présence des embryons de filaire dans le sang de tous les malades affectés d'hydrocèle, n'exclut pas la possibilité que le malade soit atteint de filariose ». A cela cependant on pourrait répliquer que ce n'est pas non plus une raison suffisante pour accepter que dans *tous* les cas d'hydrocèle *tropicale* doive intervenir nécessairement la filariose.

Ce qui est indispensable par contre, c'est le facteur pathogénique *lymphectasie*, soit que celle-ci soit secondaire, née de l'obstruction mécanique par les parasites, soit qu'elle soit primitive par l'action hygrothermique indiquée et que nous analyserons bientôt en détail. Et ce facteur est justement celui dont notre confrère et ami le Dr Lopez Antongiorgi signale l'absence dans l'affection que nous étudions ; celui que nous proposons aujourd'hui non seulement comme cause réelle de la plus grande fréquence de l'hydrocèle simple des tropiques mais aussi comme nous l'avons vu d'affections multiples du système lymphatique sous nos latitudes.

Pour ce qui est de l'hydrocèle chyleux, on doit dire seulement qu'il est indiscutablement lié à la filariose. Dans le liquide hydrocélique laiteux d'un sujet originaire de Cuba, Demarquay découvrit, il y a un demi-siècle, les micro-filaires. Et si l'on ne trouve pas souvent ceux-ci dans le sang des sujets soignés, la raison en est la même que celle que nous signalerons au prochain chapitre en étudiant l'éléphantiasis du scrotum et des membres, quand nous formulerons les relations existant entre la lymphectasie pure et la filariose.

CHAPITRE IX

Lymphectasie primitive et filariose.

Il est hors de discussion que le moustique femelle extrait du corps des individus filariosés les embryons du parasite, et que ceux-ci après avoir subi certaines modifications dans l'organisme de l'insecte, vont séjourner dans sa trompe à l'état larvaire. Ce que l'on discute encore aujourd'hui c'est si cet autre intermédiaire de la filaire, en piquant, est capable aussi d'introduire les larves dans le corps des hôtes définitifs ou si elles pénètrent par elles seules activement à travers la peau.

Les belles expériences de Fülleborn [1] en 1908 tendent à prouver que les larves de filaires n'entrent pas dans la circulation humaine par le trou que détermine la piqûre du moustique, mais « se déplacent à la surface des téguments, cherchant l'en droit où *elles pénètreront activement* en se frayant un passage par leurs propres moyens. L'état de sécheresse ou d'humidité de la peau joue ici un rôle fort important : si la peau est sèche, on constate la mort rapide des filaires, tandis que si l'épiderme est humide elles peuvent y vivre un temps suffisant pour leur permettre de le traverser ».

1. Cité par CLARAC, *Ibidem*, tome VI, page 302.

Cette théorie vient à notre sens faciliter grandement l'explication de certains points de l'étiologie de la filariose qui ne se comprenaient pas suffisamment avec l'hypothèse admettant que le moustique, de même qu'il arrive dans le paludisme, est capable, en piquant, d'introduire directement la larve du nématode dans l'organisme de l'hôte. Car, « les moustiques sont légion et... ils piquent beaucoup », objectait depuis 1900 et avec raison le Dr Audain, de Haïti [1], devant le fait clinique en vérité significatif que presque toutes les manifestations extérieures de la filariose se produisent dans des régions déclives ou des organes pendants de l'économie.

En effet, « pourquoi ne constaterait-on pas aussi souvent des adéno-lymphocèles cervicales et axillaires et des lymphangiectasies de la tête et des bras qu'on en voit aux membres inférieurs, à la vessie, à la verge, au scrotum et aux testicules » ?

Audain s'efforçait de résoudre cette objection en acceptant comme plus juste la transmission de la filariose par l'eau et les aliments, et se basant sur certaines dispositions anatomiques du système lymphatique en connexion avec le tube digestif qui méritent fort qu'on en tienne compte.

Il est évident qu'idéologiquement il faudrait accepter qu'en certaines occasions le moustique porteur de larves de filaires meurt dans un milieux aqueux et alors les larves mises en liberté peuvent être ingérées avec l'eau de boisson ou les aliments, comme il est possible de l'admettre dans certains cas pour l'uncinariose ou éga-

1. Voir *loc. cit.*, page 337.

lement comme on l'admet aujourd'hui pour d'autres espèces de filaires, telles que le *dragonneau* ou ver de Medine, par l'ingestion de cyclopes infectés de leurs embryons. Dans ces derniers cas les larves font le même chemin en sens inverse de celui de l'ankylostome c'est-à-dire depuis les extrémités inférieures jusqu'au tube intestinal.

Quoi qu'il en soit, les investigations récentes rendent plus vraisemblable que les larves du nématode de Bancroft (qui correspondent à la variété de filaire dont nous parlons, à embryons sanguicoles, la plus répandue et peut-être la seule dans notre pays) sont transportées à la superficie externe du corps humain par les moustiques, mais comme le pense Fülleborn, pénètrent d'elles-mêmes et d'une façon active à travers la peau, c'est-à-dire sans participation de l'insecte dans l'acte de la pénétration.

Ainsi expliquée, l'objection d'Audain s'évanouit, attendu que s'il est vrai que les moustiques peuvent piquer sur tous les points découverts de la superficie cutanée, il n'y a pas de motif qui oblige à penser que les larves déposées sur elle y trouvent une égale facilité de pénétration sur tous les points.

Outre qu'il est, par exemple, plus difficile que ces larves demeurent aussi longtemps sur le visage qu'aux pieds à cause des soins d'hygiène et de propreté plus fréquents, par suite aussi de l'exposition plus grande de ces dernières parties à d'autres contaminations étrangères aux moustiques, il existe à notre avis une circonstance beaucoup plus importante pour expliquer de façon satisfaisante, non seulement la prédilection des larves pour des points déterminés d'entrée sur la peau, mais aussi la préférence des manifestations cliniques de la filariose pour les régions basses et déclives du corps humain, de même que pour nous donner l'explication plausible d'autres faits de l'histoire de cette maladie qui sans cette circonstance sont difficiles à interpréter.

Mais avant de l'exposer qu'il nous soit permis de mettre à contribution quelques considérations à propos de la biologie du parasite dont nous parlons, indispensables pour la complète exposition de nos idées.

« L'une des principales lois régissant les rapports des animaux entre eux, rappelle Guiart [1] est celle de la lutte pour l'existence mise en lumière par Darwin et admise aujourd'hui par tous les naturalistes. » La parasitologie nous enseigne que « le rôle de parasite se rapporte (dans la série animale) plutôt au sexe femelle qu'au sexe mâle, ce qui tient au besoin qu'éprouve la femelle d'avoir une nourriture plus substantielle pour assurer le sort de sa progéniture ». Et cela est si vrai que « jamais le parasitisme ne doit atteindre les organes sexuels, destinés à assurer la conservation de l'espèce. C'est ce qui nous explique que, quand les autres organes auront disparu, nous verrons toujours subsister l'utérus gorgé d'œufs ou d'embryons, comme c'est le cas pour l'anneau mûr de Tenia, la filaire de Medine adulte, etc ». D'autre part « les hôtes, étant en somme peu nombreux pour chaque parasite, il en résulte que les œufs et les germes, qui parviennent dans le milieu extérieur, ont bien peu de chances d'ar-

1. Guiart, *Précis de Parasitologie*, 1910, p. 12.

river à l'état adulte... Ainsi pour assurer la perpétuité de l'espèce, les parasites sont doués d'une fécondité extraordinaire, et le meilleur moyen pour résister à la destruction dont ils sont sans cesse menacés est l'enkystement, qui leur permet de rester en état de vie latente... de sorte que quand les circonstances sont redevenues favorables, non seulement le parasite renaît, mais il s'est même multiplié [1] ».

Quels que soient le point et le mode de pénétration des larves de filaire de Bancroft dans l'organisme humain, le fait est que les parasites adultes, femelles et mâles accouplés vont s'établir définitivement dans le système lymphatique, en règle générale dans les ganglions, d'où ils ne peuvent pas sortir et où, par l'obstruction mécanique plus ou moins grande que provoque leur seule présence ou la thrombose fibrino-leucocytaire de réaction, ils engendrent la lymphectasie secondaire qui préside à toutes les manifestations extérieures de la maladie. Et cette réaction antiparasitaire, loin d'être défensive, c'est-à-dire utile à l'organisme attaqué, constitue au contraire le moyen le plus adequat pour que l'agresseur puisse, non seulement vivre commodément dans son repaire mais se reproduire activement et d'autant mieux que l'ectasie rétrograde sera plus accentuée, ectasie qui détermine dans les ganglions respectifs un ralentissement du courant lymphatique extraordinairement favorable à ce que les filaires femelles vident facilement et fréquemment leurs utérus chargés d'œufs et d'embryons. La pathologie générale nous enseigne en effet que le

1. *Ibid.*, p. 16 et 17.

résultat de la défense contre l'envahisseur n'est pas toujours heureux et que, comme le dit Grasset [1], « elle peut dépasser le but, aboutir à un résultat inverse de celui qui était souhaité... L'être vivant, ajoute-t-il, n'est plus alors créé pour la défense, mais il vit parce qu'il se défend... et seuls ont survécu et vivent ceux qui se sont bien défendus, ceux chez lesquels les actions étrangères ont fait naître d'heureuses et puissantes réactions antixéniques. »

Les agiles larves de filaires, que le moustique dépose sur la peau de l'homme des tropiques, y trouvent, non seulement des points, mais de vastes régions tégumentaires en pente ou bas-situées dont l'appareil organique qu'elles choisiront plus tard pour domicile définitif leur offrira un état analogue, quoique beaucoup moins accentué que celui que leurs formes adultes doivent engendrer pour leur propre bénéfice et pour la plus grande sécurité de leur progéniture, fin ultime et transcendentale de leur existence, comme nous l'avons déjà rappelé.

Et c'est ainsi que la lymphectasie primitive pure, qui existe plus ou moins latente dans ces régions du corps chez les tropicaux et qui comme nous l'avons vu, facilitait l'infection dans la lymphangite endémique, favorise les formes larvaires des nématodes à leur entrée autant qu'ensuite la lymphectasie secondaire, provoquée par les parasites adultes, accentue la stagnation intra-ganglionnaire de la lymphe, si propre à la reproduction des vers. Ceux-ci, comme toutes les espèces zoolo-

1. Grasset, *Traité de Physiopathologie clinique*, tome II, page 4.

giques, dans le but de réaliser l'importante fonction qui assure la perpétuité de leur lignée, cherchent les conditions de repos et pour ainsi dire de sécurité les plus appropriées ; de sorte que l'évacuation utérine sera d'autant plus fréquente et plus précoce que la rapidité du courant lymphatique sera moindre dans le groupe ou les groupes ganglionnaires infestés par le parasite. Et tout ce qui, indépendamment de la présence des nématodes, pourra exagérer cette lenteur dans les vaisseaux afférents aux ganglions devra contribuer sans doute à faciliter l'accouchement prématuré de vers et par suite à provoquer chez l'hôte les réactions défensives locales et générales correspondantes.

A l'époque où commencent les grandes chaleurs, ou pendant celles-ci, par exemple ; ou bien à l'occasion d'une marche prolongée, d'une émotion passagère, enfin quand la lymphectasie s'accentue, la filaire femelle se trouvera dans les meilleures conditions pour expulser le contenu de son utérus et libérer à la fois œufs et embryons les premiers en d'autant plus grand nombre que la parturition aura été plus précoce ; et l'on sait que les fins et agiles embryons (de huit microns de long seulement) ne troublent point l'organisme qui les abrite, étant capables de s'insinuer par les capillaires les plus étroits, tandis que les œufs beaucoup plus gros (de diamètre égal à cinq fois celui de l'embryon enroulé à l'intérieur, d'après Manson) quand ils envahissent le courant lymphatique efférent, déterminent l'obstruction brusque d'un département de ce système, avec les réactions consécutives. A coup sûr celles-ci ne se bornent pas au processus local de trombose fibrino-leucocytaire, car en s'arrêtant dans ce segment circulatoire la lente mais continuelle fonction dépurative, il faut que la circulation veineuse s'en charge provisionellement, quoique si bien plus active, est capable uniquement de transporter les détritus et non de les détruire minutieusement, ce qui ne peut s'opérer que dans les ganglions lymphatiques ; déviation éliminatoire indispensable cependant à l'accomplissement des lois fondamentales de l'équilibre physiologique.

Et l'on comprend maintenant que la période qui suit la libération soudaine d'un grand nombre d'œufs constitue alors une véritable crise aiguë, durant laquelle l'économie doit rejeter une grande quantité de substances nocives autogènes dans un laps de temps moindre que celui qu'elle y emploie d'ordinaire, celles-ci passant prématurément dans le sang et seulement détruites en partie, excitant les centres de la défense générale, c'est-à-dire les centres nerveux, surchargeant de travail les émonctoires qui, comme le rein, devaient les recevoir à des étapes beaucoup plus avancées de leur transformation, et provoquant en somme le bouleversement général aigu et ordinairement fébrile qui caractérise la poussée filarienne.

Et l'on s'explique aussi que chez les sujets filariosés dont la lymphectasie distale est plus marquée, comme dans l'éléphantiasis par exemple, on trouve rarement l'embryon du parasite dans le sang périphérique, car chez eux les bonnes conditions pour la procréation ovulaire deviennent optima ; et à ce propos il est permis d'admettre que, chez ces individus, l'ectasie lymphatique se met plus en relief dans les parties où elle se réalise. tant à cause de la localisation spéciale, dans les ganglions plus ou moins bas, du nématode adulte que parce qu'il y existait avant leur infestation un état lymphectasique primitif qui permettrait en même temps l'installation plus bas des vers dans le système et leur éclosion plus fréquente ; la répétition des poussées éléphantiasiques étant ainsi favorisée par un mécanisme analogue à celui qui. nous l'avons vu, facilitait les poussées de lymphangite simple récidivante. Ce qui semble le confirmer. c'est le fait même que cette dernière affection accompagne si souvent les poussées d'éléphantiasis, non pas précisément parce que ces malades sont filariosiques. mais parce qu'ils sont atteints évidemment de lymphectasie.

Et d'après cette façon de voir. il sera peut-être juste d'introduire une modification importante dans la formule proposée par Manson [1], pour synthétiser le déterminisme évolutif de l'éléphantiasis tropical : « présence d'une filaire femelle adulte dans le système lymphatique de la région intéressée : *traumatisme affectant la filaire* ? : oviparité de celle-ci comme conséquence du traumatisme : obstruction du ganglion lymphatique par les œufs : ectasie lymphatique : lymphangite septique dans la région obstruée : résorbtion imparfaite des produits de l'inflammation : infections répétées conduisant à l'hypertrophie progressive par étapes. de la région malade ».

Au traumatisme hypothétique et aléatoire affectant la filaire. on doit substituer le fait réel et permanant

1. Patrick Manson. *Tropical diseases*. New-York, 1903, page 572.

de la lymphectasie primitive plus marquée dans les régions organiques entamées, que non seulement favorise, comme nous l'avons vu, l'oviparité du ver, mais qui conditionne aussi les poussées périodiques de lymphangite secondaire.

Et il est clair que, dans l'enchaînement étiopathogénique indiqué, la lymphectasie mécanique vermigène facilite après et d'elle-même de nouvelles poussées de lymphangite et de nouvelles éclosions du parasite. Tous les autres anneaux de la chaîne génératrice de l'éléphantiasis proposée par l'illustre Manson sont parfaitement justifiés, à l'exception de ce prétendu traumatisme affectant les vers. L'on doit penser que la lacune laissée par cet élément circonstanciel est pleinement remplie par notre concept de la lymphectasie hygrothermique.

Nous voyons donc celle-ci favoriser le parasite à son entrée; conditionner sa situation dans son séjour définitif, intervenir dans la fréquence des attaques contre l'hôte; imprimer sa personnalité à la marche et même à la forme clinique de la filariose et assurer la complication lymphangitique, qui à son tour, contribue à l'accroissement progressif de la lymphectasie secondaire, dernier chaînon de la chaîne étiopathogénique qui a commencé avec la préexistence de la lymphectasie hygrothermique chez le sujet destiné à être plus tard filairiosique.

On pourrait même ajouter que si les individus qui présentèrent au sanatorium espagnol les diverses localisations ostensibles de la lymphectasie pure avaient eu occasion de s'infester de filaires, ils auraient, selon toute probabilité, présenté aussi des localisations analogues de la lymphectasie secondaire causée par la filariose : (éléphantiasis de la jambe et du scrotum, adéno-lymphocèle, chylocèle, etc.), respectivement.

De même que Manson réalisa l'unification éthiologique de toutes les manifestations cliniques si diverses de la filariose, nous pensons qu'on doit considérer comme établie l'unité pathogénique de toutes les affections lymphatiques propres aux pays chauds, en reconnaissant ce qui en elles correspond de droit à l'organisme humain assailli, et en assignant aux agents extérieurs, vivants et physiques, ce qui en justice leur incombe dans la détermination des phénomènes morbides auxquels les uns et les autres donnent lieu dans cette vaste zone intertropicale.

Si l'on reconnaît et si l'on précise cet étroit lien pathogénique qui les unit toutes, leur distinction étiologique s'établit mieux, l'on évite de faire des confusions en présence des innombrables cas cliniques et l'on a en somme un guide sûr pour les diagnostiquer et les traiter.

S'il était permis dans des travaux de ce genre de se servir des figures de rhétorique, nous dirions que si l'on faisait mentalement abstraction de l'obstruction parasitaire, la lymphectasie filariosique est notre lymphectasie primitive vue avec un puissant verre bi-convexe; et il ne serait pas exagéré de dire que bien des formes de filariose ont leur équivalent naturel dans la lymphectasie hygrothermique, équivalent représenté soit par un véritable état morbide manifeste, soit par quelque fait clinique significatif, tel qu'on peut le voir par le tableau suivant :

Filariose —	Lymphectasie primitive —
Eléphantiasis des jambes.	Œdème chronique simple des jambes et des malléoles (lymphectasie primitive réticulaire).
Adéno-lymphocèle.	Engorgement ganglionnaire non classifiable (lymphadénectasie simple).
Filariose génitale externe.	*Fréquence* de la lymphangite *récidivante* simple du scrotum.
Filariose génitale interne.	*Fréquence* de l'hydrocèle commun.
Craw-Craw.	Acrodermatose à répétition (lymphectasie primitive radiculaire).
Eléphantiasis des membres supérieurs.	*Fréquence* de la lymphangite récidivante des membres supérieurs.
Eléphantiasis du sein.	Dermatose *itérative* du mamelon et lymphangite subséquente.

Les faits que nous venons de rapporter ne sont pas les seuls que notre conception, fondée sur les lois générales de la Parisotologie, contribue à éclaircir. Nous devons en signaler en outre d'autres non moins intéressants et significatifs, ainsi que certaines particularités de la filariose dont l'explication nous est aussi livrée par le fécond concept pathogénique que nous étudions.

Que l'éléphantiasis des jambes succède souvent à l'extirpation chirurgicale du lympho-scrotum, ainsi que l'a noté Guiart[1]; que l'on ne trouve presque jamais de microfilaires dans le sang des éléphantiasiques, voilà des faits mieux et plus simplement expliqués dans la notion que nous venons d'exposer que par l'hypothèse peu probable de la mort des filaires et de leurs embryons comme conséquence des poussées de lymphangite et de l'oblitération par leurs cadavres de la circulation lymphatique.

L'on peut dire quelque chose de semblable à propos de l'absence d'accidents aigus ou de leur rareté chez les malades de filariose transportés dans un climat froid, où s'atténue et finit par disparaître le phénomène de la lymphectasie purement tropicale. Et chez ceux en qui, par suite d'une activité plus grande de toutes les fonctions organiques, le courant lymphatique général devient plus rapide, y compris dans les territoires obstrués seulement en partie par le parasite le quel se trouve alors dans de meilleures conditions de viviparité et en conséquence, peut jeter de temps en temps, au torrent de la circulation, seulement des embryons qui, comme on le sait, sont tout à fait inoffensifs et ne provoquent aucun accident filariosique.

Et à l'inverse, la répétition presque toujours plus intense et fréquente des poussées quand ces sujets retournent dans les pays chauds, surtout à l'époque estivale. Et nous pouvons ajouter que ce n'est que dans cette saison que les malades se ressentent de leur affection lorsqu'ils résident dans les climats froids. Nous connaissons un cas, celui d'un médecin depuis long-

1. Guiart, *loc, cit.*, p. 462.

temps atteint de filariose, qui après un séjour de six mois (automne et hiver) en Europe sans avoir souffert le moindre accident de son mal, revint à Porto-Rico au début du printemps avec une mine florissante. Il commença presque aussitôt à souffrir de poussées si violentes de coliques filariennes qu'à la suite du quatrième accès, et par suite d'un écart de régime, il succomba à une pyélonéphrite aiguë complicatoire après quinze jours d'un état septicémique.

Quand un filarieux qui a de fréquentes crises de son mal se transporte pendant l'hiver dans une région froide pour quelques semaines, pensant que les poussées vont disparaître tout de suite, et qu'au contraire il éprouve des poussées réitérées de son mal en pays étranger, on peut croire, d'après notre criterium, qu'en pareil cas, non seulement il ne suffit guère d'un court séjour dans la zone extra-tropicale pour vaincre complètement le facteur lymphectasique primitif, mais que par le fait que les vaisseaux blancs se trouvent thrombosés, à cause des derniers accès réitérés sous les tropiques, la lymphectasie secondaire même conserve pendant un certain temps un degré analogue à celui qu'elle avait atteint dans le pays d'origine, degré qui est suffisant pour favoriser l'oviparité des filaires. Il faut, en effet, qu'il s'écoule un certain temps pour qu'après la dernière éclosion, la lymphectasie secondaire perde l'intensité nécessaire à la parturition prématurée des vers.

Il faut pour contracter la filariose un séjour généralement long aux individus qui ne sont pas nés dans la zone torride et qui viennent y résider. Souvenons-nous que selon Dufougerée il faut au moins dix ans pour que l'éléphantiasis des arabes puisse se produire chez un Européen; et il faut indiquer aussi que selon la notion proposée, l'éléphantiasis, qui constitue la forme filariosique la plus distale, est peut-être la plus ostensiblement liée à la lymphectasie pure. On pourrait penser, d'après ce concept, que les larves de filaire ne trouveraient de facilité à pénétrer dans l'organisme d'un Européen qu'après qu'il s'est établi chez lui un certain degré de lymphectasie tropicale primitive, et qu'il doit s'écouler à cet effet un laps de temps plus ou moins grand selon le rôle, chez ce sujet, des causes secondaires du mal que nous avons déjà signalées bien des fois.

Enfin, dans la première enfance, la filariose est très rare ; et plus rare encore par rapport à la variété que représente la pachydermie arabe. D'après Le Dantec [1], l'éléphantiasis congénital de Moncarvo n'est autre chose que « des tumeurs d'origine névropathique qui devraient être classées parmi les pseudo-éléphantiasis lipomateux ». Pour nous, la raison de cette rareté c'est qu'à l'âge tendre de la vie les énergies vitales sont suffisantes pour contrebalancer les influences climatologiques.

1. *Loc. cit.*, page 1036, édition de 1905.

CHAPITRE X

Lymphectasie primitive et lymphatexie

C'est au Dr A. Corre[1] que revient le mérite d'avoir mis en relief un état particulier du système lymphatique dans les tropiques, qu'il a dénommé lymphatexie (de λιμφα lymphe et εξις façon d'être spéciale) et qui est selon lui « souvent en connexion avec le parasitisme filarien, mais engendré sous des influences climato-somatiques[2] ».

Cet auteur a classifié les formes communes de la lymphatexie en trois types principaux : 1° La *dilatation lymphatique* (lymphangiectasie, angio et adéno-lymphocèles, varices lymphatiques) ; 2° La *lymphangite* ou *adéno-lymphangite*, soit simple, soit grave ; 3° la *thrombose* et l'*œdème lymphatique*. Et il établit que « toutes les formes et variétés que nous venons de passer en revue peuvent alterner chez un même sujet, coexister avec l'éléphantiasis, la chylurie ou d'autres manifestations de même nature, et ont une tendance tout à fait caractéristique à la répétition[3] ».

Corre admettait donc la relation étroite entre nombre

1. A. Corre. *Traité clinique des maladies des pays chauds*. Paris, 1887.
2. *Ibid.*, page 454.
3. *Ibid.*, page 461.

de ces manifestations et le parasitisme filarien et infectieux, mais influenciées dans tous les cas par les actions climatérico-individuelles.

Vers la même époque, en 1886, A. Calmette publiait sa thèse dans laquelle, faisant la critique de la doctrine étiologique, alors toute nouvelle, de Patrick Manson, il concluait « que sous les tropiques on doit accorder un rôle à l'infestation filarique, mais qu'il faut aussi tenir compte de l'influence du climat pour obtenir de la sorte une étiologie toute naturelle, éclectique, aussi séduisante et peut-être plus féconde en résultats thérapeutiques que l'exclusivisme de la théorie parasitaire[1] ».

Comme nous l'avons déjà dit, Corre, pour sa part, repoussait un pareil exclusivisme et admettait comme indiscutable dans toutes les formes lymphatiques l'intervention des facteurs climatologique et individuel ; mais même en faisant une étude consciencieuse du rôle général de ces influences, qui contrôlent ou créent le conglomérat morbide dont nous parlons, et en entrevoyant la pathogénie des ectasies lymphatiques ; en reconnaissant l'influence combinée du degré thermométrique et de la grande humidité des régions et des localités où « les brusques variations de la température, par la suppression instantanée de la transpiration qu'elles déterminent, et peut-être par l'atonie passagère qu'elles occasionnent dans les vaisseaux de la périphérie, exagèrent les effets de l'action climatérique habituelle » ; et quoiqu'il établît un minutieux diagnostic différentiel

1. A. Calmette. *Essai critique sur l'éthiologie et la pathogénie des maladies attribuées à la filaire du sang humain* (Thèse de Paris, 1886).

entre sa lymphatexie et ce qu'on appelait alors la diathèse lymphoïde (formes leucémique ou leucocitémique et pseudo-leucémie ou lymphadénie), — il ne détermina pas clairement la distinction entre les variétés, les formes ou les stades lymphatiques qu'on doit considérer comme ayant des rapports avec le parasitisme et l'infection, et ceux qui n'en ont pas.

Après tout, comme nous l'avons déjà démontré, cette même situation subsiste actuellement, et l'on confond encore en une certaine façon les deux concepts étiologiques, parasite et climat, mettant ainsi un obstacle à la juste appréciation de ce qui correspond et est particulier à l'un ou l'autre facteur dans le déterminisme des divers processus lymphangiopathiques tropicaux.

Il est juste, d'ailleurs, de reconnaître que Corre formulait déjà à ce propos ces conclusions générales dignes qu'on y souscrive entièrement aujourd'hui. « La lymphatexie des pays chauds peut être regardée comme la résultante : 1° d'actions climatériques qui la préparent ; — 2° d'actions somatiques qui l'entretiennent et qui lui donnent *même comme le cachet d'une diathèse acquise* ; — 3° d'actions infectieuses dans un très grand nombre de cas, actions qui l'aggravent en se surajoutant aux précédentes et en les dominant... L'endémicité de la maladie, ajoutait-il, est la conséquence des conditions de milieu qui interviennent dans sa génération [1]. »

Mais, après le quart de siècle qui s'est écoulé depuis l'apparition du livre de cet éminent médecin français

1. *Loc. cit.*, page 472.

et devant les conquêtes réalisées dans le champ de la pathologie tropicale, qui reflètent avec fidélité celles que toute la médecine de notre époque a faites, que nous est-il permis de penser de cette notion de la lymphatexie de Corre ?

Si l'on fait une analyse attentive des divers processus qu'il y envisageait, il reste au fond, après avoir écarté tout ce que nous savons maintenant correspondre décidément à la grande infection filarienne et ce qui appartient évidemment aux processus infectieux communs, il reste toujours, nous le répétons, un *substratum* irréductible, quelque chose qui n'est pas la conséquence obligée de l'action des agents vivants, qui ne peut être expliqué de façon satisfaisante par l'ingérence de ceux-ci, et qui intervient cependant dans les conflits morbides provoqués par eux chez l'homme des tropiques, en leur imprimant une *marche grave et insidieuse et une tendance absolument caractéristique à la répétition.*

Si l'on élimine sans hésitation le second groupe de la classification des formes lymphatexiques, parce qu'il comprend des processus dont nous avons précédemment discuté l'étiologie et la pathogénie, comme c'est le cas pour les « lymphangites et adéno-lymphangites avec leurs variétés simple et grave » ; et si l'on écarte une grande partie du troisième groupe, celle qui comprend la thrombose lymphatique, franchement filariosique, il reste à considérer uniquement « les œdèmes lymphatiques » du dernier groupement et toutes les variétés contenues dans le premier sous le nom de « dilatations lymphatiques : lymphangiectasie, angio et adéno-lymphocèles, varices lymphatiques », processus tous intimement liés au phénomène de la stase lymphatique; et même dans ces cas-là il faut en séparer beaucoup à qui l'on reconnaît aujourd'hui sans discussion une origine parasitaire, presque toujours filarienne, et qui sont pleinement compris dans la masse des lymphangiectasies tropicales des auteurs contemporains.

A suivre ceux-ci, il ne resterait alors rien de net du concept de la lymphatexie, en dehors d'une action indirecte et imprécise du climat sur toutes les modalités cliniques analysées; et telle aurait continué à être aussi notre opinion, celle d'ailleurs que nous professions au début de notre carrière médicale sous les tropiques, si nous n'avions pas eu l'occasion d'observer, pendant une longue période d'années, un groupement d'Européens dans des conditions avantageusement comparables, groupement dans lequel il se produisit des cas multiples, d'aspects et de localisations diverses, d'un même état lymphectasique qu'il est impossible de considérer comme secondaire, par suite de l'absence des caractères propres de l'infection ou de l'infestation, et cependant avec le trait itératif commun à toutes les manifestations lymphatexiques de Corre, et sur lequel, au cours de ce travail, nous avons tant de fois appelé l'attention.

Et à mesure que nous observions, dans le milieu hospitalier et hors de ce milieu, de nouveaux cas et des attaques reitérées du dit état sur un même sujet, avec les caractères que nous avons décrits dans les chapitres précédents, se fortifiait dans notre esprit la conviction qu'il existe, en réalité, chez les individus des tropiques, une condition lymphatique particulière latente ou manifeste, spécifiquement dérivée de l'influence continue du climat torride sur eux et qui constitue, après examen approfondi, l'unique et en même temps la seule chose qui doive rester comme véritablement lymphatexique, après avoir laissé de côté tout ce qui, comme résultat du parasitisme des tropiques, lui est fréquemment surajouté en la cachant ou en la déguisant.

On en déduit qu'il est alors opportun de substituer à la notion vague et peu précise qu'exprime le mot *lymphatexie* (façon d'être *sui generis* du système lymphatique) un concept plus déterminé et plus précis, et également plus en harmonie avec les conquêtes physiopathologiques modernes.

Il convient avant tout de noter que les altérations responsables de cette condition lymphatique spéciale, déjà épurée et simplifiée par notre analyse, tombent directement non sur le contenu du système lymphe et tissu lymphoïde, mais sur les éléments actifs des parois vasculo-lymphatiques, c'est-à-dire sur les fibrilles musculaires lisses qui entrent dans la constitution des tubes collecteurs.

Chez l'homme, d'après G. Delamare [1], ces éléments contractiles, disposés longitudinalement, obliquement et transversalement sont très développés, à cause sans doute de la station verticale, qui force la lymphe à vaincre, pour progresser, l'action de la pesanteur (Ranvier). « C'est au niveau des renflements supra-valvu-

1. G. Delamare, auteur du chapitre *Anatomie générale du système lymphatique*, dans le *Traité d'Anatomie humaine* de P. Poirier et A. Charpy, tome II, 4e fascicule, page 1123.

laires, nombreux sous les petits collecteurs, que prédominent les fibres obliques. Elles s'y entre-croisent dans les incidences les plus variées et forment de riches plexus. Les renflements supra-valvulaires sont de véritables poches contractiles, qui rappellent les cœurs lymphatiques des batraciens. » Il faut ajouter que l'on peut déduire des recherches de Kytmanoff [1] que les nerfs des lymphatiques sont surtout formés par des fibres de Remak et qu'il y a des terminaisons motrices dans les fibrilles musculaires.

On comprend que le *surmenage* d'abord, la *fatigue* ensuite et enfin l'*insuffisance* fonctionnelle de ces petits et délicats appareils musculaires involontaires, entraînent à la longue la diminution ou la perte de leur faculté contractile, et qu'en conséquence les tuniques des vaisseaux blancs se laissent distendre sur une étendue plus ou moins grande, selon qu'interviennent plus ou moins d'autres circonstances diverses débilitantes. Outre l'attitude verticale prolongée, la fatigue des muscles striés, la diminution de l'activité circulatoire sanguine et de l'aspiration thoracique sont, on le sait, des facteurs d'une importance capitale dans le ralentissement du cours de la lymphe.

Si l'on fait application de la théorie générale de la fatigue et de l'insuffisance, source féconde des interprétations physio-pathogéniques modernes, au cas particulier des fibrilles lisses des parois lymphatiques, l'on en arrive non seulement à déterminer de façon précise les éléments histologiques sur lesquels se greffent les

1. Voir Delamare, *ibid.*, page 1124.

altérations responsables du stade spécial lymphatique que nous étudions, et à aider la compréhension de leur pathogénie particulière, mais peut-être aussi à en induire le mécanisme général des actions climatologiques.

C'est donc une asthénie, une débilitation des énergies contractiles des fibro-cellules de leurs vaisseaux, qui caractérise en définitive le stade ou la condition particulière du système lymphatique sous les tropiques, et non point *un développement* plus grand de ce système, comme l'ont répété constamment les auteurs. Si par développement on veut exprimer une *augmentation de volume*, une *distension*, un *engorgement*, il serait permis de dire que le système lymphatique se développe effectivement dans les pays chauds; mais si l'on emploie ce mot dans son sens précis et exact, si par développement on entend *l'accroissement plus grand* d'un organe ou d'un appareil accompagné d'une *plus haute capacité* fonctionnelle, comme c'est le cas quand il s'agit de muscles par exemple, alors il n'est pas possible d'accepter une affirmation pareille, de même que personne n'a songé encore à considérer comme un *développement* les volumineux engorgements ganglionnaires du lymphatisme sous tous les climats.

TROISIÈME PARTIE

MÉCANISME D'ACTION DU FACTEUR TROPICAL

CHAPITRE XI

Le troisième facteur

Quelques-uns des *effets* étant déjà connus, il est indispensable avant d'aborder l'étude de *l'action*, de rappeler si sommairement que ce soit, les données essentielles relatives à *l'agent* tropical.

Celui-ci est en vérité complexe, et comme le note Cantlie [1] « la multiplicité même des instruments employés pour enregistrer les phénomènes météorologiques et en déterminer la valeur, — c'est tout ce que nous avons jusqu'ici pour juger du climat d'un pays ou d'une région, — indique la complexité de ce que, faute d'un terme plus précis, nous avons convenu d'appeler « le climat d'une région » ; et vérifier réellement sa nature au moyen d'un ensemble d'appareils physiques, si exacts qu'on les veuille supposer, est évidemment impossible ; mais si ces observations pouvaient être syn-

1. Voir D. Cantlie, The Psychophysical aspect of climate (*The Journal of Tropical médicine and Hygiene* ; avril 15, 1907).

thétisées par quelque méthode connue, on serait certainement sur la voie pour déterminer avec quelque précision scientifique ce qu'est positivement le climat d'un territoire particulier. On pourrait, par exemple, découvrir la relation qu'auraient entre elles la chute de la pluie, la température, la saturation de l'air, les conditions électriques, les courants aériens, en créant tout ce que nous comprenons sous l'expression « climat d'un endroit » et sans doute on aurait indiqué « une solution utile et pratique du problème ».

S'il s'agit cependant, non de localités, mais de toute une zone terrestre ; c'est-à-dire si l'on fait abstraction pour simplifier des conditions déterminantes de ce que l'on appelle les *climats partiels*, et si l'on considère la question à un point de vue général, on peut noter que, malgré sa complexité, les éléments *variés* d'ordre physique que comprend l'ambiance intertropicale, — température, humidité, pression barométrique, état électrique, tension de la vapeur aqueuse, etc, — entretiennent toute l'année *une* résultante atmosphérique qui constitue la caractéristique vraiment particulière des climats chauds, le trait qui en définitive distingue d'une façon spécifique, disons-le, l'ambiance intertropicale de l'ambiance de la zone tempérée.

Dans cette dernière, ce qui crée et régit les variations saisonnières, c'est, avant *tout*, l'élément *température*, les oscillations thermométriques atteignant une amplitude considérable entre les deux saisons extrêmes de l'année, et les transitions de l'une à l'autre s'accomplissant au moyen de deux périodes intermédiaires pendant lesquelles l'organisme se repose et se dispose à supporter les rigueurs des températures extrêmes des deux premières.

Tandis que dans la zone intertropicale, ce qui, en réalité, règle les états atmosphériques, c'est *l'état hygrométrique*, les alternatives thermiques étant bien peu marquées — seulement de quelques degrés centigrades, — autour d'un chiffre toujours élevé ; sans que l'on doive entendre que l'humidité agit précisément par l'amplitude de ces variations, mais bien plutôt par le maintien durant une grande partie de l'année d'un véritable état de saturation de vapeur d'eau. En effet, « dans certaines régions l'air contient durant la saison sèche autant de vapeur d'eau que l'air des climats tempérés pendant l'été[1] ». De sorte que si ce n'étaient les brises, ces régions seraient presque complètement inhabitables pour les hommes des pays froids.

La climatologie générale de la zone tropicale est expliquée, nous le savons, par le fait du *double* passage annuel du soleil, dans sa marche apparente, par le zénith des points situés entre les deux tropiques ; fait duquel résultent en chaque endroit, deux saisons pluvieuses chaque année, comme conséquence de ce fait que, par suite de la verticalité ou de la quasi-verticalité des rayons solaires à ces époques, la température de ces régions s'élève et l'évaporation des mers augmente considérablement, provoquant ainsi la formation de grandes masses de nuages qui se résolvent en pluies torrentielles.

Ces deux époques sont presque équidistantes dans

1. Voir : Hygiène coloniale, t XI du *Traité d'hygiène* de A. Chantemesse et E. Mosny. Paris, 1907, page 13.

les parages voisins de l'équateur — la zone torride proprement dite, — où ils alternent avec deux autres saisons sèches, ou plus exactement moins humides ; mais, dans les régions intertropicales comprises entre les parallèles 12 et 23°5 nord et sud, ces deux époques sont si rapprochées — et d'autant plus que la distance est moindre du point donné au tropique voisin, — qu'elles se continuent et se confondent presque. L'époque la plus humide occupe une grande partie de l'année et alterne avec une autre beaucoup plus courte et moins humide. Ainsi se constituent les climats dits *dioriques* ou de deux uniques saisons annuelles régies par l'élément humidité dans des variations thermométriques qui oscillent bien peu autour d'un chiffre toujours très haut : la moyenne de 28° à 31° durant la saison chaude et pluvieuse et de 20° à 22° durant la saison la plus sèche et la plus fraîche [1].

Les climats insulaires tropicaux comme ceux de notre pays (Porto-Rico) se distinguent « par un état thermique et hygrométrique constamment élevé sans grandes variations saisonnières et nycthémérales : le voisinage immédiat d'une mer surchauffée, l'évaporation continue qui se produit à sa surface et la nature des vents régnants, toujours saturés de vapeur d'eau, expliquent la consistance remarquable de la chaleur humide dans ces climats particuliers [2] ».

L'île de Porto-Rico, située sous le parallèle 18 de latitude nord, se trouve à une distance du tropique du Cancer à peu près égale à la neuvième partie de celle

1. Salanoue-Ipin, *ibid.*, page 6.
2. Salanoue-Ipin, *ibid*, page 8.

qui existe entre celui-ci et le tropique de Capricorne.

Un des deux passages annuels du soleil dont nous avons parlé s'accomplit pour Porto-Rico le 2 juin. Il précède par conséquent de quelque vingt jours, — la neuvième partie d'un semestre, — le solstice d'été (21 juin), époque où l'astre roi semble s'arrêter (*sol stare*) sur le tropique du Cancer, d'où apparemment il retourne sur ses pas (*tropique*, rétrogression) pour revenir à occuper une position analogue par rapport aux endroits situés sous le parallèle 18° nord le 11 juillet [1], c'est-à-dire environ vingt jours après le 21 juin. Ces deux époques de pluie donc se confondent presque et peuvent être considérées en réalité comme une seule de plus longue durée, d'avril à octobre. A ceci on ajoute que la fin en atteint presque la période où commencent à régner les vents du nord, chargés d'humidité, et qui comprend environ deux mois. Il en résulte, en fin de compte, que c'est seulement pendant un laps de temps qui n'est pas toujours de trois mois complets (janvier, février, mars) que l'on jouit d'une sécheresse relative et d'une température agréable et fraîche.

Nous insistons sur le fait que ceci n'est qu'un schéma et nous considérons la question à un point de vue très général. Il est clair que les dates et l'intensité de la période la plus chaude et la plus humide dans nos pays, comme dans toutes les régions du globe, varient suivant les années pour des causes météorologiques diverses dont l'étude particulière sort évidemment du cadre de cet opuscule.

1. Ces renseignements sur les dates du double passage annuel du soleil au zénith de notre pays nous ont été fournis par notre distingué compatriote et ami M. Carlos Maria Soler, très versé dans les questions astronomiques.

Pour nous résumer : une atmosphère constamment tiède et humide, dans laquelle la quantité de vapeur aqueuse arrive à la saturation à certaines époques, plus ou moins longues suivant les contrées, et où les autres éléments à considérer, pression barométrique, tension de la vapeur d'eau, état électrique, bien que subordonnés aux deux autres, haute température, état hygrométrique élevé, contribuent chacun pour sa part à exagérer les effets hygrothermiques sur l'économie humaine : voilà la formule synthétique du milieu ambiant intertropical.

On n'oublie pas qu'un air raréfié par une chaleur intense et saturé d'humidité à haute tension doit réunir des conditions très propres à exercer de profonds effets sur les êtres humains qui y sont plongés. L'excessive chaleur excite puissamment l'évaporation cutanée, qui se trouve entravée à cause de la grande humidité de l'air ambiant, d'où un excès de réaction du côté du tégument externe. L'exhalation pulmonaire compensatrice se trouve gênée à son tour par la haute tension de la vapeur aqueuse atmosphérique, en même temps que l'aspiration pulmonaire est plus intensément excitée par la plus basse pression barométrique; d'où de même l'exagération des réactions sur la muqueuse respiratoire.

De cet état de choses, presque constant dans les deux superficies organiques limitrophes avec le monde extérieur, dérive un régime circulatoire constitué par un certain degré de vaso-dilatation permanente dans les territoires vasculaires respectifs, qui comprennent toute la circulation périphérique et toute la petite circulation ; régime auquel doivent nécessairement s'adapter le muscle cardiaque, et le reste du système circulatoire, formé en majeure partie de la circulation intra-abdominale, où la rapidité du courant sanguin doit à son tour diminuer, surtout celui du système de la veine-porte, privée de valvules, et dont la circulation est déjà ralentie pour des raisons physiologiques connues.

De pareilles modifications, subies par l'organisme de l'homme extra-tropical aussitôt qu'il se trouve plongé dans notre ambiance chaude et humide, sont de telle nature que la cause qui les crée constitue en soi, et indépendamment des autres causes étiologiques, un *troisième facteur* à ajouter aux deux que l'on reconnaît d'ordinaire dans le déterminisme de la maladie : économie humaine et agent pathogène.

Les réactions organiques, en apparence diverses, mais qui au fond ne font qu'un, provoquées directement par le facteur tropical, multiple lui aussi au premier abord quoique essentiellement simple en réalité, possèdent, à notre sens, une telle individualité qu'il nous semble qu'il y a une erreur grave à ne pas en tenir suffisamment compte en face de tous les conflits pathologiques, quelle que soit leur nature, que l'on observe entre les tropiques; et à plus forte raison aujourd'hui qu'hier, du moment que, comme le dit si justement Grasset, « la maladie n'est pas l'agent pathogène. La maladie est la vie même de l'homme, touché par ces causes de perturbation. C'est la vie de l'homme qui se débat et s'efforce de revenir à son type normal de vie physiologique [1] ». Et comme la Pathologie est l'étude du fonc-

1. Grasset, *thérapeutique générale basée sur la physiopathologie clinique*, 1913, tome I, p. 5.

tionnement de l'homme vivant quand il a été envahi par l'agent pathogène et se défend contre lui, il faut toujours tenir compte dans cet *antixénisme* pathologique, comme le dénomme l'auteur, quand il s'agit de Pathologie tropicale, de ce que l'organisme humain livre alors un double combat : l'un, accidentel, contre le germe vivant, auquel il oppose de simples réactions organiques et humorales ; et l'autre, constant, contre le facteur climatérique, en face duquel il dresse un ensemble de phénomènes qui se résument en une réaction également spécifique que nous étudierons bientôt.

Aussi nous écartons-nous un peu de l'opinion de Manson [1] qui affirme « qu'en réalité, quoique la température agisse comme un important facteur pathogénique, il est rare qu'elle le fasse de façon *directe* ». Nous préférerions dire « d'une façon *exclusive* ». Nous pensons en effet que, sinon toutes, beaucoup des affections communes sous les tropiques n'arriveraient pas à éclore chez certains individus si le facteur climatérique n'avait au préalable préparé leurs organismes à l'explosion du conflit morbide contre l'agent pathogène vivant, spécifique ou banal. Du moins, ces affections n'arriveraient-elles pas à présenter l'intensité et les autres caractères que nous avons indiqués bien des fois.

1. Patrick Manson. — *Maladies des pays chauds*, 1904. Paris, pag. 2.

CHAPITRE XII

L'action spécifique du facteur tropical

Ce serait sortir du cadre de ce travail que traiter ici dans toute son amplitude la question du mécanisme de l'action générale du climat sur les êtres humains qui habitent la vaste zone intertropicale. A elle seule cette question mériterait un volume à part. Qu'il suffise d'exposer synthétiquement nos idées fondamentales à ce sujet, et d'en faire l'application au département organique spécial auquel nous nous rapportons dans le présent ouvrage.

Nous venons de voir que pour se mettre à l'unisson, pour ainsi dire, avec un milieu ambiant constitué comme nous l'avons dit, l'organisme de l'homme des autres latitudes a besoin d'exalter ses réactions défensives contre le stimulus exagéré et continuel des agents physiques qui constituent le facteur tropical.

De même que celui-ci est unique dans la variété de ses composants élémentaires, le mécanisme des réactions organiques, en apparence divers et multiple, se synthétise et se résout en cette simple formule réactionnelle : le surmenage des fibrilles musculaires lisses de notre économie, spécialement chargées de la défense

1. Patrick Manson. *Maladies des pays chauds*, 1904. Paris, p. 2.

contre la surexcitation exercée par les radiations ou mouvements d'ordre vibratoire, comme la lumière (fibres contractiles lisses de l'iris) et la chaleur (fibro-cellules rattachées au vaste et complexe appareil de la régulation thermique) ; mécanisme parallèle à celui des éléments musculaires striés de notre corps, qui nous défendent des mouvements extérieurs d'ordre propulsif et d'ordre non périodique.

C'est principalement sur ces petits appareils délicats de contraction lente que viennent en définitive aboutir les actions physiques du milieu atmosphérique [1], et c'est leur travail excessif qui constitue le *primum movens* des réactions organiques vis-à-vis de celles-là ; et le début réel de la série de troubles fonctionnels qui donnent lieu, non seulement aux tableaux morbides décrits par les auteurs classiques comme résultat de l'influence lente du milieu tropical — *embarras gastrique a calore* par atonie du tube digestif, multiplication de la flore microbienne gastro-intestinale, fermentations anormales et auto-intoxication ; *et congestion chronique essentielle du foie* [2], — mais aussi à ceux que nous avons étudiés dans les chapitres qui précèdent.

En ce qui concerne le foie tropical, Salanoue-Ipin estime que « la faiblesse des contractions du myocarde et de la tonicité artérielle ralentit le cours du sang dans les veines-caves qui se distendent, et cette distension a pour

1. L'action continue de l'ambiance tropicale produirait, après plus ou moins longtemps, un certain degré d'insuffisance des fibrilles lisses d'un segment organique déterminé ; et les changements thermohygrométriques leur occasionneraient une fatigue passagère qui, en atteignant des éléments déjà surmenés, faciliterait l'apparition des accidents angiectasiques.

2. Salanoue-Ipin, *loc. cit.*, page 27.

corollaire une stase sanguine dans les veines sus-hépatiques. D'autre part, l'atonie thermique du tube digestif détermine un état congestif à peu près permanent du système-porte qui retentit sur les capillaires du foie. Placé entre deux systèmes veineux à circulation ralentie, l'organe hépatique ne peut que se congestionner à son tour. Ainsi se constitue ce qu'on appelle le foie tropical, essentiellement caractérisé par une *hypérémie* passive, qui n'est pas encore un véritable état morbide mais simplement une modification physiologique. Une alimentation trop nutritive produit des toxines intestinales qui sont autant d'éléments d'irritation pour les cellules hépatiques, chargées, comme on le sait, de retenir et de transformer toutes les substances toxiques qui proviennent de l'intestin. La cellule hépatique se trouve ainsi surmenée et sa souffrance se traduit par des troubles dans ses fonctions biliaires, uréopoiétiques et antitoxiques : un premier pas est fait vers l'hépatite épithéliale[1] ».

De son côté, Lagrange[2] affirme que « la vaso-dilatation splanchnique entraîne encore une meiopragie fonctionnelle par stases sanguines des divers appareils ».

Voilà donc clairement l'enchaînement successif de phénomènes qui s'établit entre l'agression thermique contre les fibrilles lisses (qui sont l'élément *général* attaqué le premier dans les trois tractus : intestinal, vasculaire intermédiaire et vasculaire intra-hépatique) et la résonnance dans les tissus épithéliaux différentiés et spécifiquement constitutifs autant des parenchymes

1. *Ibid.*, pages 41-42.

2. F. Lagrange. *La fatigue et le repos.* Paris, 1912, page 152.

viscéraux annexes au tube alimentaire que de leur muqueuse.

D'autre part, le système-porte et le département lymphatique en rapport avec le tégument externe sont comparables sur plus d'un point. Au point de vue anatomique, ils sont analogues en leur origine sous-jacente, à des formations épithéliales limitantes, interne ou externe, de l'organisme avec l'énergie cosmique, chimique et physique respectivement : la muqueuse gastro-intestinale avec ses annexes et la peau ; et ils ont aussi cette analogie, que leurs réseaux primordiaux se transforment en troncs collecteurs de plus en plus gros et moins nombreux qui vont enfin verser leur contenu dans la circulation générale veineuse, non sans passer auparavant à travers certaines dispositions organiques placées sur leur chemin. Ils diffèrent cependant en ceci, que ceux-ci sont multiples et échelonnés de loin en loin dans le système lymphatique, tandis que dans le système-porte on les trouve condensées en un organe unique, la glande hépatique.

Physiologiquement, ces deux sections du système circulatoire sont chargées de recueillir et de conduire des substances destinées à subir des transformations compliquées avant d'atteindre la circulation générale ; avec cette différence que dans le cas du système vasculo-lymphatique, ces transformations sont surtout des opérations de dépuration et de destruction des détritus ou déchets organiques, et dans le vaisseau-porte, au contraire, les substances qu'il conduit pour subir le métabolisme intra-hépatique ont, pour principale tâche, la réparation des tissus et la rénovation des énergies vitales.

Pour ce qui est de leur pathologie respective dans la zone intertropicale, il convient de se rappeler que les deux territoires vasculaires possèdent leur parasitisme particulier, à certains points de vue analogue : dans le lymphatique, la filaire à embryon sanguicole, favorisée par la lenteur du courant de l'appareil, si favorable à l'accomplissement de la fonction dépurative que ces vaisseaux et ces ganglions font dans l'économie ; et dans le territoire de la porte, la bilharzie, dont la femelle fécondée, grâce à l'absence de valvules dans les veines de ce système — ce qui détermine déjà normalement une diminution de rapidité très utile à l'absorption intestinale d'une part et aux lentes transformations intrahépathiques de l'autre — dont la femelle, nous le répétons, peut gagner en reculant depuis les troncs portes « jusque tout près du revêtement intestinal, au-dessous de la *muscularis mucosae*, où elle s'arrête pour y continuer sa ponte, déjà commencée dans les vaisseaux, et pour faciliter aux œufs la perforation, à l'aide de leur éperon, de la paroi veineuse et de la muscularis mucosae et tomber dans le chorion de celle-ci, d'où ils vont gagner l'extérieur [1] ».

Et à part le parasitisme, le parallèle s'accentue davantage dans les états pathologiques véritablement climatériques qui siègent dans les deux systèmes. Ainsi à la lymphadénectasie primitive correspondrait l'engorgement hépatique tropical, le foie représentant de la sorte un seul et énorme ganglion placé entre les deux circulations, porte, et veineuse générale : engorgement qui se

1. SALANOUE-IPIN, *ibid*, p. 344.

manifeste cliniquement, d'ordinaire, comme les engorgements ganglionnaires lymphatiques, par des exacerbations *reitérées* coïncidant souvent avec l'époque de la plus grosse chaleur.

De même la lymphectasie hygrothermique réticulaire aurait sa représentation dans les phénomènes morbides résultant de l'hypertension portale d'origine thermique reflexe, qui se manifeste soit par les diarrhées estivales *à répétition*, si communes dans notre zone, soit par des *poussées* hémorroïdales, soit par la *gravité* qu'elle imprime à diverses affections intestinales, comme la dysenterie, aux époques indiquées, soit enfin par la *tendance hémorragique* d'autres affections telles que la fièvre typhoïde, fait constaté par différents observateurs.

Et enfin, la localisation lymphectasique radiculaire trouverait son équivalent caractéristique dans *les premières étapes* d'un processus très fréquent dans les pays chauds, d'étiologie et de pathogénie encore obscures : nous voulons parler du *sprue* ou aphte tropical, variété particulière de gastro-entérite chronique, qui pour quelques-uns, comme Musgrave [1], sont, plutôt qu'une maladie, un syndrome ou état morbide et qui possèdent une caractéristique anatomo-pathologique fondamentale fort significative et curieuse. Elle consiste en ce que les lésions du sprue siègent de façon exclusive aux formations tissulaires dérivées du *feuillet interne du blastoderme* [2], ce qui équivaut à dire qu'elles envahissent par sélection les cellules épithéliales du

1. William-E. Musgrave. Sprue or Psilosis in Manila (a disease or a state. *American Médicine*. March. 1902.

2. Salonoue-Ipin, *ibid.*, page 636.

système digestif et de ses annexes ; et nous venons de voir comment l'état ectasique de la circulation veineuse intra-hépatique, retentissait sur l'élément épithélial du foie, et l'on peut déduire l'influence puissante que, par un mécanisme analogue, la piléphlébectasie radiculaire doit exercer sur l'activité fonctionnelle de l'épithélium du conduit alimentaire et spécialement sur celui des villosités elles-mêmes, qui, comme on le sait, possèdent un appareil propre riche en fibrilles musculaires dont l'atonie, comme celle des fibrilles que contient la *muscularis mucosae*, contribue de façon effective, à exagérer la stase veineuse radiculaire, et à maintenir un état qui ralentit le fonctionnement des éléments épithéliaux nécessaires aux actes digestifs.

Il n'est pas illogique alors de penser que, chez certains sujets, par suite des conditions individuelles congénitales, ou acquises du fait des habitudes de vie et surtout de régime alimentaire, il puisse se présenter, à la longue (et après plusieurs années pendant lesquelles ils ont eu des crises reitérées de débâcle intestinale attribuées à des refroidissements matinaux ou à de simples transgressions alimentaires), un tableau symptomatologique révélateur de l'état d'atrophie de tous les viscères digestifs ou du moins de l'insuffisance des formations tissulaires dérivées du feuillet interne du blastoderme. Et de même que chez certains individus, la lymphectasie primitive choisit pour se localiser le segment radiculaire de l'appareil lymphatique et la forme de dermatose des extrémités, c'est-à-dire la zone où, par des circonstances surajoutées, s'éxagère la stase distale de la lymphe, de façon analogue ce serait chez les sujets chez qui la pyléphlébectasie radiculaire d'origine climatérique s'accentue pour les raisons indiquées, que s'établirait et s'enracinerait d'année en année une première étape purement hypérhémique, passive, dans le revêtement gastro-intestinal comme point de départ de toute une longue série de troubles fonctionnels préalables aux lésions muqueuses caractéristiques du *sprue*. Celles-ci, simplement atrophiques et desquamatives au début, et équivalentes sous notre latitude aux premières phases de l'acrodermatose, passeraient, en vertu de l'action secondaire de la flore ou de la faune intestinale commune, ou même de quelque parasite spécifique[1] à la catégorie de lésions inflammatoires d'abord, sclérosiques et dégénératives ensuite, de la même manière que les lésions de la peau deviennent parfois, comme nous l'avons vu, de dermatosiques véritablement dermitiques par suite des infections complicatoires, et de même que certaines conditions anatomiques de la portion supra papillaire du tégument externe, et d'autres conditions spéciales, ont une influence sur la forme et l'évolution des manifestations cutanées de la lymphectasie radiculaire, on doit penser qu'interviennent aussi, dans les actions exercées par pyléphlébectasie d'origine sur les élémentsconstitutifs du révêtement muqueux intestinal,

1. B.-K. Ashford a fait récemment des recherches, à l'Institut de Médecine tropical de Porto-Rico à propos du *sprue*, dont il en signale une *moni ia* spéciale comme facteur étiologique. — Consulter à cet égard : B.-K. Ashford, *et Monilia found in certains cases of Sprue*. (*Preliminary note*), in *Journal of the American Medieal Association* (March. 6-1915; et « Mombrosis y fermentaciones intestinales », in *Boletın de l'As. méd. de P. R.*, Marzo, 1915.

les conditions individuelles de l'épithélium de cette autre frontière de l'organisme.

Il y a des auteurs, qui comme Florence[1], ne peuvent croire à l'existence d'un germe spécifique de l'aphte tropical et s'appuient surtout sur ce fait que « cette maladie se développe chez le colonial qui a fait un long séjour sous les tropiques, et que cette affection ne se manifeste par aucun symptôme bruyant, mais qu'elle s'installe sournoisement ».

De notre côté, nous pensons que, parasitaire ou non, le *sprue* est conditionné par la pyléphlébectasie radiculaire ; et partant de cet état, voici comment nous estimons que l'on pourrait formuler la succession des phénomènes génétiques de la gastro-entérite tropicale :

1° Stase portale plus marquée dans les capillaires ou veinules d'origine et insuffisance fonctionnelle des éléments musculaires lisses des villosités et de la paroi intestinale ;

2° Diminution de l'activité des cellules épithéliales du tube digestif correspondant aux parties veineuses les plus ectasiées ;

3° Altération trophique consécutive ;

4° Propagation du processus atrophique et dégénératif aux épitéliums des glandules de Brünner et de Lieberkunn ;

5° Exaltation fonctionnelle supplémentaire prolongée, du foie et du pancréas, que, comme le note Salanoue-Ipin, on peut considérer respectivement comme deux immenses glandules de Brünner et de Lieberkunn.

1. FLORENCE, pancréas tropical et diarrhée chronique des pays chauds. (*La Province médicale*, 14 mai 1910).

6° Troubles dyspeptiques variés, se manifestant parfois par la difficulté de transformation des trois ordres d'aliments, albuminoïdes, hydrocarbonés et graisses, au point que dans certains cas, le lait est le seul aliment toléré, ce qui est d'un bon pronostic et l'inverse dans le cas contraire;

7° Consécutivement diarrhée par indigestion et défaut d'alcalinité du chyme, distincte de l'hypercrinie des premiers temps, qui, comme nous le rappelons, est d'ordinaire matinale. Elle constitue presque alors l'unique symptôme de la maladie et est engendrée par l'ectasie portale combinée parfois avec l'action reflexe de la variation hygrothermique matinale ;

8° Suractivité fonctionnelle dans certaines zones intestinales pour suppléer à l'insuffisance des autres, ce qui, pouvant se produire dans des endroits déjà privés d'épithélium, les expose à l'atteinte par les agents vivants du milieu intestinal et à la formation consécutive de plaques aphtoïdes :

9° L'atrophie des éléments nobles de l'intestin étant bien avancée, où parallèlement à son cours, des modifications fonctionnelles analogues s'accomplissent dans le pancréas; et pour compenser jusqu'à un certain point les compromis méiopragiques de ce viscère, toutes les glandes salivaires réagissent vivement, avec la suractivité circulatoire qui en résulte dans la muqueuse buccale, desquamée aussi par un semblable mécanisme. Ainsi sont déterminées les plaques d'irritation buccale et pharyngiennes à tort dénommées aphtes, symptôme en réalité très tardif du processus psilosique, car lorsqu'il apparaît, il est plutôt le commencement d'une poussée aiguë du mal. Fréquemment le sujet a pendant bien des années éprouvé, de temps en temps, des débacles intestinales avant que la stomatite psilosique se manifeste pour la première fois. Cette interprétation des plaques de sprue est utile pour comprendre l'alternance qui se produit parfois, quoique avec moins de fréquence que d'aucuns le prétendent, entre l'apparition de la stomatite et la suspension de la diarrhée et vice versa. Le travail alternatif et vicariant des deux appareils glandulaires homologues, pancréatique et salivaire, entraînerait avec lui, dans cette hypothèse, l'alternance des symptômes indiqués.

10° Tout ce qui précède se rapporte à la forme atrophique pure de la gastro-entérite chronique des pays chauds, qui sous tant de rapports ressemble à l'atrepsie infantile. Mais dans bien des cas, les éléments lympho-poiétiques du tractus intestinal, les follicules clos, seraient influencés corrélativement ou simultanément par les altérations circulatoires circonvoisines, devant lesquelles ils réagiraient en augmentant leur activité ; ce qui, s'associant à l'altération progressive de la fonction martiale du foie, (organe déjà très atrophié et insuffisant dans ses diverses fonctions), engendrerait la profonde perturbation dans la formule hématologique qui caractérise l'anémie véritablement grave des dernières périodes de la forme mixte de la maladie.

Un auteur dont le travail a déjà été cité [1], étudiant le pancréas tropical dans ses rapports avec la diarrhée chronique des pays chauds, estime « qu'entre la pan-

1. FLORENCE (*La Province médicale*).

créatite grave hémorragique et le pancréas tropical, il y a toute une variété de formes que l'on peut comparer à celles qui existent entre le foie tropical et l'hépatite suppurée », et que le sprue peut « se manifester d'une manière différente suivant la race et le tempérament d'un individu... Telle lésion qui détermine chez un créole du diabète à évolution relativement lente, déterminera, chez un Européen, de la diarrhée chronique (ou sprue) », et il ajoute que « si la dysenterie est surtout l'apanage du colonial actif, du soldat, le sprue survient le plus souvent chez le sédentaire. »

Sans que nous partagions entièrement cette opinion, nous croyons cependant son apport très utile, car il contribue à mettre en relief un ensemble de circonstances d'ordre somatique qui corroborent notre thèse.

Dans le tractus circulatoire veine-porte, comme dans le tractus lymphatique, c'est donc l'élément contractile lisse qui reçoit les chocs premiers et persistants de l'action lente du facteur tropical; et l'on peut dire, en généralisant, que toutes les fibro-cellules dépendant du complexe appareil de la thermo-régulation sont les éléments histologiques sur lesquels s'exerce cette action de façon spécifique.

Sans conteste, c'est le système nerveux qui est chargé de contrôler le travail synergique des fibrilles musculaires des vaisseaux et des glandes sudoripares pour la défense contre la chaleur. « Celles-ci sont mises en action, soit par réflexe cutané, soit par l'excitation directe des centres par le sang surchauffé [1]. » Et pour Laula-

1. P. Courmont, *Précis de Pathologie générale*, 1908, p. 977 ; E. Hédon, *précis de Physiologie*, 1908, p. 437.

nié[1], un des mécanismes qu'emploie le système nerveux pour régler, non seulement la défense contre la chaleur ambiante, mais la production de chaleur organique, est celui qui consiste dans les « actions vaso-motrices qui règlent la circulation de la veine-porte et introduisent les conditions mécaniques et physiques de la glycogénie hépatique », présidant ainsi « à l'élaboration et à la distribution des matériaux de la combustion respiratoire ». Mais c'est dans la réponse contractile des dites fibrilles musculaires devant les excitations venues du système nerveux, dont le rôle est uniquement de conduction et de régulation, que l'on doit étudier les effets primordiaux de l'excès de chaleur ambiante ou de sa continuité sur notre économie.

A ce propos, l'idée que Ramôn y Cajal[2] exprime dans les termes qui suivent est de grande importance pour l'interprétation des actions physiologiques et morbigènes du *milieu* : « voilà donc le système nerveux, partagé, par l'évolution différente de groupes considérables de ses éléments constitutifs, en deux systèmes parfaitement tranchés : l'un, le système nerveux sensitivo-sensoriel, qui a terminé son développement quant à la différentiation de ses neurones, susceptibles seulement de croître en nombre ou en étendue, et l'autre, le système nerveux cérébro-spinal, qui, dans sa portion cérébrale surtout, voit ses cellules se perfectionner sans cesse, au fur et à mesure de la progression de la série animale ».

On peut donc considérer le système sensitivo-senso-

1. F. Laulanié, *éléments de Physiologie*, 1900.

2. S. Ramon y Cajal, *Histologie du système nerveux de l'homme et des vertébrés*, 1909, tome I, p. 103 et 104.

riel comme achevé, et le système moteur comme constamment modifiable, et, d'après cela, les variations du *milieu* seraient recueillies et simplement conduites par la voie sensitive ou sensorielle jusqu'aux somas neuroniques, sans qu'il se produise dans les éléments constitutifs des voies centripètes, d'autre modification que celle fugitive de l'acte même du transport, c'est-à-dire sans transcendance téléologique ni permanence ultérieure, tandis que ces variations de l'ambiance quand elles sont transportées intégralement (en ce qui concerne leurs intensités respectives), sur les éléments qui constituent la portion motrice ou centrifuge du système nerveux, agiraient sur ces derniers en déterminant non seulement les modifications momentanées du simple transport, mais des changements avec un résidu permanent, qui à leur tour devraient être le substratum des différentiations évolutives que ce système, en vertu de sa plasticité et de sa variabilité, est appelé à subir encore pendant le développement philogénique. On comprend que ce travail de différentiation, de complication, doit être l'œuvre d'une très longue période et qui ne peut être achevée qu'après des milliers de tâtonnements et d'innombrables essais, dans lesquels doivent intervenir d'une façon inéluctable, outre les autres facteurs évolutifs connus, (sélection naturelle, hérédité) d'autres que l'on ignore mais qui existent sans nul doute, étant donnée la nécessité de les admettre pour arriver à expliquer certains faits de la théorie de l'évolution.

Si nous négligeons la partie motrice volontaire du système nerveux et si nous ne nous occupons que de la partie sympathique, toute motrice, comme le veulent Cajal[1] et la plupart des histologistes, il est logique de penser que ces modifications, ou pour mieux dire ces essais ou ces tâtonnements pour arriver à des modifications, auront comme dernier, sinon comme exclusif intermédiaire, le petit appareil musculaire attaché à l'extrême terminaison du conducteur nerveux centrifuge, c'est-à-dire la fibrille lisse, par laquelle le mouvement résultant de la transformation de l'excitation vibratoire extérieure se dissipe de nouveau dans l'ambiance. C'est à ces éléments terminaux de la vie centrifuge, aux fibres musculaires involontaires, que viendront finalement s'imprimer ces modifications que l'évolution philogénique doit fixer dans les neurones eux-mêmes, toujours dépositaires à ce qu'il semble des reliques de l'hérédité. Et si l'organisme porteur de ces fibro-cellules n'a pas reçu de ses ancêtres la capacité nécessaire pour transformer et dissiper aussi complètement que l'exige le maintien de l'équilibre physiologique, les excitations de la nouvelle ambiance physique, ou pour contre-balancer les conditions où ces changements se produisent ; s'il n'est pas en un mot capable de résister à de nouvelles variations du milieu physique, il subira dans les appareils respectifs, les fonctions dans lesquelles les fibrilles musculaires dont nous parlons jouent d'ordinaire un rôle principal et actif, parce qu'ils se troubleront passagèrement ou définitivement selon d'autres circonstances.

L'excitation calorifique, par exemple, quand elle se propage — déjà transformée — par la voie nerveuse

1. *Loc. cit.*, tome II, page 940.

centripète à la moelle pour s'y employer aux actions vaso-motrices provoquées par son excès ou sa permanence à un degré supérieur à celui de l'ambiance des pays tempérés ou froids — au moyen desquelles on obtient la régulation thermique, — la chaleur, nous le répétons, ne laissera aucune trace dans la partie centripète et presque immuable du système nerveux, mais produira dans les éléments contractiles des vaisseaux périphériques, si l'on peut ainsi dire, des actions supérieures en intensité et en durée à celles qu'ils peuvent parfois supporter dans leur fonctionnement normal et originaire, et qui les conduira évidemment à la fatigue. Ils en triompheront sans doute bien des fois, mais pas toujours pour certaines raisons individuelles sur lesquelles nous insisterons bientôt. Et si les fonctions que ces fibres lisses sont obligées de remplir ne s'accomplissaient pas pour cette raison, la régulation thermique, défectueusement atteinte alors par cette partie de l'appareil régulateur, amènera forcément un excessif travail supplémentaire des autres systèmes organiques comme l'appareil secréteur de la sueur, par exemple, ce qui, de son côté, occasionnera un déséquilibre dans les fibrilles lisses des glandes correspondantes, les exposera aussi au surmenage par l'exagération consécutive dans leur travail, et provoquera la résonnance réflexe et toxique sur d'autres régions tributaires aussi de la partie centrifuge involontaire du système nerveux, ou, ce qui revient au même, fera entrer en jeu la suractivité des organes qui se rattachent à la limitante interne de l'organisme, avec toute leur suite d'insuffisance fonctionnelle et d'altérations toxiques. Nous avons promis un peu plus haut d'insister sur le fait que les fibrilles lisses, dans certaines occasions, triompheraient de la fatigue à laquelle les soumettent l'excès et la continuité de l'excitation calorique, tandis que dans d'autres, suivant les circonstances individuelles, elles n'en triompheront pas; et il convient à notre sujet de citer maintenant quelques considérations très pertinentes et très importantes de Sigaud, de Lyon [1].

Si nous appliquons à notre but ce que cet éminent clinicien établit par rapport à l'appareil digestif, nous pouvons dire qu'une étude globale du corps humain est indispensable si l'on veut connaître toute la signification des réactions climatériques. « L'organisme est une fédération d'appareils anatomiquement et morphologiquement très différenciés, mais physiologiquement orientés dans un sens réactionnel univoque. L'irritabilité cellulaire léguée par l'hérédité est un facteur dont l'estimation est essentiellement relative et dont la valeur dépend d'un autre facteur d'excitant naturel ; théoriquement, les deux facteurs s'équilibrent strictement, la réaction est égale à l'action quand le clinicien ne saisit aucun stigmate objectif, ni d'hypertonie ni d'hypotonie... L'hypotonie, dit-il à propos du tube digestif, se manifeste par une distension progressive et l'hypertonie se traduit par une simple hyperexcitabilité aboutissant périodiquement à des crises d'insuffisance ; après l'hyperexcitabilité est remplacée par une dilatation abdominale compensatrice..... Tous les éléments

1. Dr Sigaud, de Lyon. *Traité clinique de la digestion et du régime alimentaire.* Tome II, Paris, 1906 (avant-propos et pages 5, 19 et 20).

des tuniques digestives réagissent violemment pour donner lieu aux spasmes violents et épuisent ainsi comme dans une convulsion démesurée, toutes les forces vitales en réserve..... Si l'action et la réaction sont disproportionnées l'une à l'autre, la puissance fonctionnelle diminue, l'élasticité physiologique devient insuffisante, la réactivité organique cesse d'être adéquate à l'excitation du milieu ambiant..... Et il ne faut pas perdre de vue que la majeure partie de la vie pathologique d'un individu est accaparée par des manifestations qui ont pour siége un appareil toujours le même ».

A notre avis, ces principes généraux si bien formulés par Sigaud sont parfaitement applicables au mécanisme réactionnel organique en présence des influences du milieu tropical; et la dernière considération de cet auteur contient réellement toute l'explication des causes en vertu desquelles le climat chaud accentuera toujours ses effets sur ce même appareil, organe ou segment organique le plus fatiguable qui aurait accaparé la vie pathologique du sujet dans son climat d'origine. Et c'est là ce qui comprend tout ce qu'on appelle les *différences individuelles* qui donneront lieu devant un même excitant à des réactions au fond univoques, quoique très diverses de forme et de localisation.

La réaction inadéquate des éléments contractiles involontaires d'un tractus organique entretient chez eux un état de fatigue qui n'atteint, ni dès la première heure ni de façon fatale, le dernier stade de celle-ci, mais qui longtemps peut se manifester par degrés intermédiaires voire même par des *spasmes* c'est-à-dire par des états en apparence opposés à la fatigue musculaire.

Puisque nous parlons de la fatigue des muscles lisses ou à contraction lente, nous devons rappeler, avec Mlle Joteyko[1], une autorité en la matière, « qu'étant des plus riches en sarcoplasme, très voisins de l'état embryonnaire, ils sont aussi moins fatigables et demandent pour réagir une force excitatrice supérieure à celle qui est suffisante pour les muscles striés... Quelques auteurs les considèrent comme « doués, chez certains animaux, de mouvements automatiques et de rhytmicité, propriétés attribuées presque exclusivement au muscle cardiaque[2] ».

En ce qui concerne l'automatisme, « il faut admettre, avec un grand luxe de preuves, que l'action de l'extrait surrénal ou de son principe actif, l'adrénaline, est purement périphérique, et qu'elle s'exerce directement sur les muscles lisses de l'économie sans intervention du système nerveux central et sans intervention du système nerveux périphérique[3]. Le *tonus* entretenu chimiquement dans les muscles par les produits glandulaires est un phénomène physiologique qui facilite l'action du stimulus nerveux... Pour les muscles striés et pour les muscles lisses c'est l'adrénaline qui est chargée de neutraliser ou de détruire les poisons fabriqués au cours du travail musculaire et dont l'accumulation en l'absence des capsules surrénales provoque l'asthénie des mouvements volontaires[4] ».

1. Mlle le Dr Joteyko. *La fonction musculaire*. Paris, 1909.
2. *Loc. cit.*, page 116.
3. *Ibid.*, page 163.
4. *Ibid.*, page 164.

Dans un article récent, Léon Bernard [1] reconnaît aux cellules épinéphriques *corticales* ou *spongiocytes* la fonction myotonique ou de neutralisation des poisons musculaires. Il admet que si les effets de l'hypercrinie corticale ne sont pas apparents en clinique, par contre les hypocriniques sont essentiellement constitués par l'asthénie musculaire; et il attribue aux cellules *médullaires* de ces glandes la fonction angiotonique et régulatrice de la tension artérielle. Il s'y passe, au contraire de ce qui advient pour les cellules corticales, que seule l'hypercrinie médullaire est apparente en clinique, par le moyen de l'hypertension, de l'atéromasie, etc.

Quoi qu'il en soit, et en attendant qu'on éclaircisse ces questions, toujours intéressantes, de physio-pathologie surrénale, il n'est pas aventuré de penser que dans la relative insuffisance de ces glandes (et peut-être avec l'intervention d'autres endocrines, thyroïde, hypophise) se trouve la cause, du moins la plus importante, de cette sensation d'asthénie ou de fatigue générale qu'on éprouve dans les tropiques, surtout à l'époque la plus chaude et humide, si peu actif ou soutenu que soit l'exercice physique que l'on fait.

Outre l'automatisme, « la rythmicité des muscles lisses analogue à celle du muscle cardiaque » que, d'après Mlle Joleyko, admettent quelques auteurs, nous amène tout droit à réclamer, en faveur de ce que nous pourrions appeler la *conception myogène des actions tropicales*, le concours de cet ensemble de faits physiologiques et pathologiques expérimentaux et cliniques, en

3. Léon Bernard. Relations entre les syndromes surrénaux et les troubles des fonctions surrénales. *Presse médicale*, 4 oct. 1913.

vertu duquel l'interprétation classique du rythme cardiaque s'est radicalement modifiée ces dernières années.

Tant que la conception du mécanisme intime de la contraction myocardique et de ses troubles demeura englobée dans le système nerveux, on fit peu de progrès dans sa connaissance. Mais, comme l'enseigne Vaquez [1], depuis que Gaskell, Engelmann, J. Mackensie, Hering, Wenckebach, Hoffmann et d'autres ont substitué à la théorie névrogène de la contraction cardiaque la théorie myogène, restituant au myocarde la part prépondérante dont on le croyait privé dans l'automatisme du cœur, les recherches physiologiques et cliniques, en s'orientant dans une voie aussi féconde, apportèrent rapidement une brillante série de connaissances sur le rythme normal et pathologique du centre circulatoire.

« Le cœur, dit Vaquez [2], résumant les données nouvelles de la physiologie, n'était plus un organe destiné à recevoir passivement l'ordre de se contracter. Une plus haute fonction lui était reconnue. C'est à lui qu'il appartenait de produire le stimulus moteur. Le cœur devenait donc maître de son rythme, et le système nerveux n'intervenait plus que pour en refréner ou en accélérer la cadence. »

Eh bien, ces hautes fonctions créatrices et conductrices de l'excitation cardiomotrice ont comme substratum histologique un tissu spécial inclus dans l'intimité de la texture myocardique, celui que l'on appelait jadis le *réseau de fibres de Purkinje*, constitué par des cellules musculaires plus proches encore

1. A. Vaquez. *Les Arythmies*. Paris, 1911, p. 27.
2. *Ibid.*, p. 28.

de l'état embryonnaire que les fibres lisses communes[1] et dont le groupement en faisceau de passage inter-auriculo-ventriculaire, forme le moderne faisceau de His, d'une importance physiologique si considérable.

De ce que nous venons d'exposer, on déduit que s'il n'est pas permis d'appliquer servilement ces idées à la connaissance intime des actions de toutes les fibres contractiles involontaires de notre économie, parce que des raisons nombreuses s'y opposent, on doit cependant reconnaître à de pareils éléments musculaires une plus grande autonomie dans leurs réactions contractiles qui, provoquées et réglées en vérité par le système nerveux, sont préparées et entretenues par les substances chimiques dont nous avons signalé le rôle : car, ainsi que l'affirme H. Roger[2], « pour assurer la coordination des différents phénomènes qui se passent dans l'organisme, pour maintenir l'unité des manifestations vitales, pour mettre à l'unisson fonctionnel les divers organes, le système nerveux ne suffit pas. A côté de la fonction dynamique qui lui est dévolue il faut placer le rôle de substances chimiques (*hormones*, j'excite) qui circulent constamment d'une partie à l'autre et constamment modifient le milieu humoral... Plus nous avançons dans l'étude de la nutrition, plus nous voyons que les mutations sont régies, non par le système nerveux, comme on l'avait cru autrefois, non par une aptitude individuelle des cellules, comme on l'avait soutenu ensuite, mais bien par des substances qu'élaborent

1. Voir L. Testut. *Trat. de Anat. humana* (Ed. espa., t. II, p. 53.

2. H. Roger, *Digestion et Nutrition*, p. 598 et s.

certaines glandes. Ce qui est vrai à l'état physiologique doit également être vrai en pathologie. »

L'opinion de Bard [1] est aussi très pertinente :

« Il ne serait pas difficile, dit-il, de démontrer que chaque trouble fonctionnel considéré isolément, peut, bien des fois, s'expliquer *à priori*, tant par une influence nerveuse que par une influence musculaire ; et le progrès clinique doit consister moins à opposer l'une à l'autre les deux théories qu'à séparer les éléments qui doivent permettre, dans chaque cas concret, soit de reconnaître l'origine nerveuse ou musculaire des troubles constatés, soit de donner à chacune des deux influences la part légitime qui lui revient. »

Lagrange [2] rappelle avec non moins d'opportunité que « les effets de la fatigue sur les organes soumis à la volonté ont attiré depuis longtemps l'attention des auteurs ». Mais qu'on a « moins étudié les résultats de l'excès de travail des appareils organiques dont le fonctionnement est automatique et inconscient... La fatigue (de ces organes) peut passer et passe le plus souvent inaperçue à ses débuts. Elle ne se révèle le plus souvent que tardivement quand elle a pris la forme et la gravité d'une maladie déclarée ».

Terminons. Ce qui a été déjà dit, renforcé par les opinions que nous avons transcrites, suffit pour démontrer qu'un criterium sain ordonne de n'être pas exclusivistes dans l'interprétation des actes organiques, et que demeurer enfermé dans la théorie nerveuse pure en ce qui concerne les actions hygrothermiques, et prétendre

1. Cité par Grasset, *Physio-pathologie clinique*, 1910, tome I, p. 247.
2. Lagrange, *loc. cit.*, p. 24 à 25.

les expliquer par la seule intervention des nerfs vaso-moteurs, équivaut à renoncer pour bien longtemps à éclaircir le mystère; tandis que si l'on reconnaît à la fatigue et à l'insuffisance de l'élément musculaire lisse toute la participation qu'ils ont en réalité, on est certainement sur la voie de comprendre plus clairement le mécanisme intime des actions physiopathologiques tropicales.

TABLE

PREMIÈRE PARTIE

Données et questions préliminaires

SECONDE PARTIE

La lymphectasie tropicale primitive

TROISIÈME PARTIE

Mécanisme d'action du facteur tropical

IMPRIMERIE SPÉCIALE DE LA LIBRAIRIE A. MALOINE ET FILS

www.ingramcontent.com/pod-product-compliance
Ingram Content Group UK Ltd.
Pitfield, Milton Keynes, MK11 3LW, UK
UKHW020157200726
13856UKWH00003B/1041